## ALLEN CARR

Allen Carr est devenu expert-comptable en 1958. S'il s'épanouissait dans sa vie professionnelle, la consommation quotidienne d'une centaine de cigarettes le déprimait. En 1983, après l'échec d'innombrables tentatives pour arrêter de fumer par le seul pouvoir de la volonté, il découvre une méthode dont il fait part dans *La Méthode simple pour en finir avec la cigarette*, best-seller traduit en plus de quarante langues et vendu à plus de 12 millions d'exemplaires dans le monde. Dès lors, ne fumant plus, il s'est consacré aux autres fumeurs. Sa solide notoriété repose sur les résultats spectaculaires de sa méthode. Il est désormais considéré comme l'expert numéro un dans l'assistance aux fumeurs qui souhaitent arrêter la cigarette. Au début, les fumeurs des quatre coins du monde se retrouvaient dans son centre de Londres ; aujourd'hui, son réseau de centres couvre les cinq continents. Plusieurs autres ouvrages fidèles aux principes qui ont fait le succès de sa méthode ont été traduits en français et sont disponibles aux éditions Pocket, notamment *La Méthode simple pour perdre du poids* et *La Méthode simple pour avoir du succès*. Allen Carr a laissé un héritage durable sous la forme d'un vaste projet éditorial toujours dynamique. Il a également posé les fondations d'un réseau international en pleine expansion de centres pour aider les fumeurs à s'arrêter en appliquant sa célèbre méthode.

**Pour plus d'informations sur *La Méthode simple* d'Allen Carr, en France et dans le monde, rendez-vous sur www.allencarr.fr**

DU MÊME AUTEUR
*CHEZ POCKET*

* LA MÉTHODE SIMPLE POUR EN FINIR AVEC LA CIGARETTE

* LA MÉTHODE SIMPLE POUR ARRÊTER DE FUMER SANS PRENDRE DE POIDS.

POUR NOUS LES FEMMES !

* LA MÉTHODE SIMPLE POUR AIDER VOS ADOS À ARRÊTER DE FUMER

* ARRÊTER DE FUMER TOUT DE SUITE

* LA MÉTHODE SIMPLE ILLUSTRÉE POUR EN FINIR AVEC LA CIGARETTE

* ENFIN LIBRE ! ARRÊTER DE FUMER TOUT DE SUITE, POUR NOUS LES FEMMES

* LA MÉTHODE SIMPLE POUR PERDRE DU POIDS

* LA MÉTHODE SIMPLE ILLUSTRÉE POUR PERDRE DU POIDS TOUT DE SUITE

* LA MÉTHODE SIMPLE POUR MAÎTRISER SA CONSOMMATION D'ALCOOL

* LA MÉTHODE SIMPLE POUR PRENDRE LA VIE DU BON CÔTÉ

Allen Carr

# Enfin libre !

## Arrêter de fumer tout de suite pour nous les femmes

*Traduit de l'anglais par Véronique Gourdon*

ARCTURUS

Titre original :
*Finally free!*

Je remercie tout particulièrement les femmes exceptionnelles de notre équipe internationale de thérapeutes pour l'aide inestimable qu'elles m'ont apportée pour ce livre, ainsi qu'Ian McLellan, Charles Cooper, Niko Heyng, Nigel Matheson, Tim Glynne-Jones, Sophie Bowley-Aicken et le reste de l'équipe d'Arcturus Publishing. Merci d'avoir joué un rôle dans la guérison de millions de fumeurs à travers le monde.

FSC
www.fsc.org
MIXTE
Papier issu de sources responsables
FSC® C003309

Pocket, une marque d'Univers Poche, est un éditeur qui s'engage pour la préservation de son environnement et qui utilise du papier fabriqué à partir de bois provenant de forêts gérées de manière responsable.



ISBN : 978-2-26626-269-9

# INTRODUCTION

J'ai arrêté de fumer en août 1988 et n'ai jamais cessé d'être reconnaissante à Allen Carr. Sans lui, non seulement je n'aurais jamais écrit ces mots, mais je ne serais très probablement plus là. MERCI ALLEN ! En 2003, on m'a confié la traduction de *La Méthode simple pour arrêter de fumer* en Italie où, comme dans beaucoup d'autres pays, il est resté au rang de best-seller pendant de nombreuses années.

Aider Allen à appliquer une touche vénusienne à sa méthode et l'adapter aux femmes a été une des démarches les plus motivantes, agréables et libératrices de ma vie. Même si le livre original d'Allen Carr est tout aussi efficace pour les femmes qu'il l'est pour les hommes, les femmes ont une perception différente des nombreux problèmes liés au tabagisme. Les femmes qui veulent arrêter de fumer sont confrontées à des difficultés particulières, comme celles qui émanent des liens entre cigarettes et mode, style, sexualité, séduction, soulagement du stress et contrôle du poids. Dans *Enfin libre !*, tous les aspects du tabagisme sont abordés sous l'angle féminin, apportant des réponses aux questions et préoccupations spécifiquement féminines.

Il est naturel que vous soyez nerveuse et sceptique à ce stade – je me souviens d'avoir moi aussi ressenti cela avant d'arrêter de fumer – mais lisez ce livre avec un esprit ouvert. Nous n'avons que de bonnes nouvelles pour vous !

*Francesca Cesati,*
*La méthode Allen Carr, Équipe internationale de thérapeutes*

# CHAPITRE 1

## *Remettez en question tout ce qu'on vous a dit*

Ce que les femmes ont accompli au cours du dernier siècle est remarquable. Elles ont révolutionné leur rôle dans la société : d'asservies, elles sont devenues des femmes de pouvoir dans les affaires, la politique et l'Église.

Une situation préjudiciable qui n'était fondée sur aucune logique a été corrigée, contestée et modifiée.

Demandez-vous comment cette révolution féminine a été provoquée. Examinez ses pionnières : des femmes courageuses qui ont osé contester les perceptions et les règles en vogue.

Si toutes les femmes avaient eu la même mentalité que ces courageuses pionnières, il n'aurait sans doute pas fallu cent ans pour parvenir à la situation où nous sommes à l'heure actuelle.

Mais pour chaque pionnière qui refuse d'accepter le statu quo, beaucoup d'autres :

- sont d'accord sur le principe mais ont peur d'agir,
- mettent la tête dans le sable et acceptent la situation telle qu'elle est.

**LAVAGE DE CERVEAU**

***Effet d'un changement radical sur les idées et les croyances d'une personne.***

Le lavage de cerveau s'applique à presque tous les domaines de notre vie. Nous n'allons nous intéresser qu'à deux aspects : le lavage de cerveau lié au tabagisme et à la différence entre les hommes et les femmes.

*« Je ne sais pas comment je ferais sans mes cigarettes. »*

Il en va de même pour les deux sexes.

**Et cela s'applique aussi au tabagisme.**

Nous savons tous que fumer est répugnant et infect et que cela nuit à notre santé et à notre situation financière.

Toutes celles qui ont ce livre entre les mains veulent accomplir la même chose : éteindre leur dernière cigarette et ne plus jamais fumer.

**Alors, pourquoi ne l'avez-vous pas déjà fait ?**

Vous connaissez sans doute beaucoup d'anciennes fumeuses qui ont réussi à « renoncer » au tabac grâce à leur seule « volonté ». Pendant des semaines,

**La différence entre fumeuse et non-fumeuse**

Ce n'est pas simplement que l'une fume et l'autre pas. C'est qu'une non-fumeuse n'a jamais éprouvé le désir de fumer. Avant d'allumer votre première cigarette, vous n'aviez jamais ressenti ce désir non plus.

des mois, des années, vous les avez regardées se battre, essayer pilules, patchs et chewing-gums, pour trouver un peu d'apaisement. Et même maintenant, lorsque vous sortez ensemble pour prendre un verre et passer un bon moment, vous voyez une lueur d'envie dans leur regard lorsque vous allumez une cigarette.

*La plupart des gens qui fument une vingtaine de cigarettes par jour admettent n'en apprécier que deux.*

Ne voulez-vous pas être comme une non-fumeuse – telle que vous étiez avant d'avoir allumé votre première cigarette ? Ne voulez-vous pas vivre en ne ressentant plus jamais le besoin maladif d'une cigarette ?

Alors, qu'est-ce qui vous en empêche ? Peut-être pensez-vous éprouver du plaisir. Mais qui apprécie réellement :
- d'inhaler des produits toxiques ?
- de se balader avec l'odeur du tabac froid sur la peau et ses vêtements ?
- d'avoir les doigts et les dents jaunes ?
- de ressentir un mouvement de répulsion chez les gens qu'on aime quand on est sur le point de les embrasser ?

Vous *supposez* que ça vous plaît ? Vous **SAVEZ** que c'est faux.

Vous êtes-vous déjà demandé pourquoi vous allumez une cigarette :
- dès que le téléphone sonne ?
- dès que vous avez terminé un repas ?

- dès que vous êtes avec des amis ?
- dès que vous avez besoin de vous concentrer ?

*« Je ne me sens jamais détendue si je n'ai pas une cigarette à la main. »*

Vous pensez peut-être que c'est une simple habitude. Si c'était le cas, vous pourriez la modifier de façon simple et rapide en rangeant vos cigarettes dans un tiroir fermé à clé ou en les confiant à quelqu'un d'autre. Vous passeriez de vingt cigarettes à deux par jour en un clin d'œil !

Mais vous savez que lorsque le besoin irrépressible se fait sentir, vous pourriez fracasser ce tiroir ou vous battre avec votre meilleur ami pour récupérer ces cigarettes.

J'ai même entendu parler d'une jeune mère qui avait laissé son bébé à la maternité pour aller chercher des cigarettes. Le lien maternel est redoutablement puissant. Pouvez-vous imaginer une autre habitude qui pousserait une mère à agir ainsi ?

« J'étais convaincue que le livre n'aurait aucun effet sur moi, et pourtant ce fut le cas. Après avoir lu ce livre avec attention, j'ai eu une sorte de déclic. Cela fait six mois maintenant que j'ai cessé de fumer et tout ce que je ressens, c'est le bonheur d'être libre. »
*Rhona M., Écosse*

Ce n'est pas une habitude qui vous pousse à fumer vingt cigarettes par jour plutôt que deux. Et ce n'est pas non plus le plaisir. C'est une force si puissante qu'elle peut même mettre en péril le lien maternel.

C'est **LA PEUR**.

Cette mère met son bébé en danger parce qu'elle panique sans cigarettes. Pourquoi ? Parce qu'un lavage de cerveau l'a incitée à croire qu'elle avait besoin d'une cigarette pour se sentir calme et détendue.

Comment savons-nous qu'elle a subi un lavage de cerveau ? Parce que croire que le tabac soulagera sa souffrance est cela même qui l'a provoquée en premier lieu.

C'est un cercle vicieux dans lequel le plaisir ne joue aucun rôle. Et elle porte un nom :

**LA DÉPENDANCE**

Celles qui n'ont jamais fumé ne peuvent comprendre ce qu'une fumeuse peut faire pour se procurer une cigarette. Elles n'ont jamais ressenti cette panique causée par le manque de nicotine.

Une des nombreuses idées reçues sur toutes les toxicomanies, c'est que les toxicomanes ne souffrent du manque que lorsqu'ils mettent un terme à leur consommation de drogue. En réalité, ils souffrent dès l'instant où les effets de la première dose se dissipent. Et la seule raison qui les pousse à s'en procurer une seconde est d'essayer de mettre un terme au sentiment d'insécurité créé par la dose précédente.

**Elles n'ont jamais ressenti cette envie d'une cigarette.**

C'est la véritable différence entre une fumeuse et une non-fumeuse. Tant que vous n'en aurez pas pris conscience, il vous sera très difficile d'arrêter. Vous essaierez de devenir non-fumeuse en cessant de fumer à tout jamais.

C'est comme si vous placiez un seau au milieu d'une cuisine sous un toit qui fuit au lieu de réparer le toit. Au lieu de résoudre le problème, vous vous en créez simplement un autre.

Tant que vous n'aurez pas colmaté la fuite en réparant le toit, votre problème ne disparaîtra pas. Tant que vous ne vous serez pas attaquée à la cause, vos solutions demeureront insatisfaisantes.

**La cause de votre problème de tabagisme est votre besoin ou votre désir de fumer.**

*Acceptez simplement ce fait incontestable : personne, si ce n'est vous-même, ne vous oblige à allumer une cigarette.*

Les non-fumeuses ne ressentent jamais cette sensation de besoin ou de désir. Acceptez simplement ce fait incontestable : personne, si ce n'est vous-même, ne vous oblige à allumer une cigarette.

Le besoin ou le désir de fumer est la conséquence d'un lavage de cerveau. Avant d'avoir goûté notre première cigarette, on nous dit que fumer détend, favorise la concentration et aide à chasser le stress et l'ennui. On nous dit également que c'est une habitude infecte et répugnante qui va nous rendre dépendant, ruinera notre santé et l'état de nos finances.

Le comble de l'ironie étant que ceux qui insistent le plus sur les effets pervers du tabac le font souvent une cigarette au bec.

Il n'y a pas un fumeur au monde qui pensait devenir dépendant au moment de sa première bouffée.

Ce n'est qu'une fois que nous sommes tombés dans le piège que le lavage de cerveau prend effet. Nous ne considérons plus le tabac comme répugnant et infect mais comme quelque chose d'agréable, qui détend et donne de l'assurance. Bientôt, les cigarettes nous semblent indispensables et, très vite, nous sommes incapables de nous en passer.

Peu importe que ce processus s'installe rapidement ou de façon progressive, nous semblons n'en avoir aucune conscience. Mais il est impossible de nier que nos perceptions subissent une modification. La véritable question étant : quelle perception est juste ?

# CHAPITRE 2

## *Distinguer les faits de la fiction*

Quand on leur demande « Comment Allen Carr vous a aidés à arrêter ? » certains anciens fumeurs qui ont fréquenté mes centres répondent, à ma grande consternation : « On m'a fait un lavage de cerveau pour me persuader que je n'aurai plus jamais besoin de fumer. »

Cela sous-entend que n'importe qui pourrait simplement inverser le processus pour convaincre ces fumeurs qu'ils ont besoin de se remettre à fumer.

Je tiens à insister sur ce point : je n'ai jamais recours à de telles techniques. Au contraire, *La Méthode simple* consiste à lutter contre le lavage de cerveau.

Lutter contre le lavage de cerveau est « une technique destinée à dissiper les idées fausses pour permettre à la personne de voir la vérité en face ».

Lorsque je fais référence au fait de fumer tout au long du livre, j'entends la consommation de nicotine sous toutes ses formes : tabac, chewing-gums, patch ou sprays nasal.

Cela ne veut pas dire que je vais vous bombarder d'horribles statistiques sur ce que fumer vous coûte, tant au niveau de votre santé que de vos finances. Je le ferais si je pensais que cela me permettrait d'atteindre mon objectif qui est de vous libérer du piège de la nicotine, mais en réalité ce serait contre-productif.

Vous êtes déjà consciente que fumer est mauvais pour votre santé et c'est cela qui vous rend anxieuse.

**La peur de réussir**

Le facteur principal qui empêche les fumeuses d'essayer d'arrêter est la peur. Cette peur est bien réelle et se manifeste sous de nombreuses formes. Paradoxalement, la peur la plus grande est celle de réussir : la peur de ne plus autant apprécier la vie sans cigarette. Après tout, nous avons vu nos amis souffrir lorsqu'ils ont arrêté. Qui souhaite s'infliger ce calvaire ?

Et que font les fumeurs lorsqu'ils sont anxieux ? Ils prennent une cigarette !

La société a tendance à considérer les fumeuses comme des imbéciles dénuées de volonté et les traite comme des parias. La majorité des fumeuses ne se considèrent pas beaucoup mieux.

*« La peur ? Perdre mes cigarettes, c'est ce que j'appelle la peur ! »*

Et cela participe également du lavage de cerveau. En fait, vous avez autant de volonté – sinon plus – que n'importe quelle autre femme, fût-elle non fumeuse ou ancienne fumeuse. Et maintenant, c'est cette vision faussée de vous-même qui vous empêche d'arrêter, même si vous savez que cela vous tue.

« J'ai assisté à une réunion Allen Carr et je n'ai plus jamais pensé au tabac. Je me sens extraordinairement bien et je continue à être une non-fumeuse très heureuse. »
*Debbie B., Bristol*

Vous aurez peut-être du mal à croire certains des arguments que j'énonce dans ce livre. Par moments, vous pourrez être tentée de le jeter à la poubelle. S'il vous plaît, ne le faites pas. Il n'y a aucune histoire d'épouvante dans ces pages.

Au contraire, je n'ai que de bonnes nouvelles à vous annoncer.

Qu'est-ce qui vient en premier, la dépendance ou la peur ?

En vérité, la dépendance crée la peur, et la peur renforce la dépendance. Quelle que soit la façon dont les fumeuses abordent leur problème, la peur les empêche d'agir.

## La lutte acharnée contre la peur

***Les fumeuses considèrent le tabac comme une sorte de lutte acharnée. D'un côté, il y a la peur du mal que cela leur fait. De l'autre, il y a la peur de ne pas parvenir à affronter la vie sans fumer.***

La première peur est une projection dans l'avenir. La seconde se matérialise dès l'instant où vous tentez d'arrêter. Naturellement, on a tendance à opter pour la peur qui risque de ne jamais se produire.

*« Vous allez me libérer du méchant tabac ?!! J'aimerais bien voir ça. »*

Le piège de la nicotine est ingénieux, car comme toutes les formes de toxicomanie, il est destiné à vous garder prisonnière. Plus il nuit à votre santé et à vos finances, plus vous vous y accrochez.

La merveilleuse vérité, c'est que toutes vos peurs peuvent se dissiper avant que vous ayez fini ce livre. À mesure que nous réduirons à néant le lavage de cerveau qui vous maintient prisonnière, vous prendrez conscience que vos peurs sont fondées sur un mythe. Je voudrais donc que vous fassiez un compromis : terminez la lecture de ce livre.

Mais pourquoi devriez-vous me faire confiance ? Pourquoi devriez-vous placer votre confiance dans un livre, uniquement parce qu'il prétend offrir un moyen facile d'échapper au piège de la nicotine ? C'est une question raisonnable. Mais j'en ai une autre à vous poser.

**N'attendez pas**
Les méfaits causés par le tabac sont cumulatifs. Mais quel que soit votre âge, arrêter de fumer aura des bénéfices immédiats sur votre santé. Vous vous sentirez tout de suite mieux.

**Que se passera-t-il si vous ne le faites pas ?**

Nous acceptons tous que la vie est un jeu de hasard. Mais combien de fois dans notre vie sommes-nous dans la position de n'avoir absolument rien à perdre et tout à gagner suite à une décision que nous prenons ?

Vous êtes maintenant dans cette position enviable. Prenez conscience que ce piège est destiné à vous emprisonner à vie. Ne vous laissez pas duper. Si vous terminez le livre,

**VOUS N'AVEZ ABSOLUMENT RIEN À PERDRE.**

Il est temps de vous réjouir. Concentrez-vous sur les incroyables bénéfices que vous pouvez en tirer. Il y a bien plus à gagner avec *La Méthode simple* que de simplement avoir plus d'argent dans votre poche ou de sentir meilleur.

***« Merci de m'avoir donné la vie. Ma vie a commencé le jour où j'ai arrêté de fumer. »***

Nous recevons ce type de commentaire tout le temps. Ils nous parviennent sous forme de lettres et d'emails de la part de gens qui ont arrêté de fumer grâce à *La Méthode simple* : des hommes et des femmes, des fumeurs de longue date et des jeunes qui craignaient une vie d'esclavage.

Lorsque vous sortez du brouillard, c'est comme si vous vous éveilliez d'un cauchemar. C'est ce sentiment qui vous attend. C'est pour cela que je veux que vous me promettiez de terminer ce livre. Je veux que vous appréciez cette merveilleuse sensation d'être non-fumeuse.

### L'attente d'un miracle

L'ingéniosité du piège nous pousse à différer toute tentative d'arrêt du tabac dans l'espoir de nous réveiller un jour en découvrant que nous ne ressentons plus le désir ni l'envie de fumer. Il y a une petite minorité de fumeurs pour qui un tel rêve devient réalité. Hélas, pour la majorité d'entre nous, ce jour ne vient jamais ou trop tard. S'il vous plaît, ne laissez pas cela vous arriver.

La plupart des fumeuses commencent lorsqu'elles sont jeunes et, au fil des ans, associent la perte de leur joie de vivre au vieillissement. Mais lorsque vous devenez non-fumeuse, vous prenez conscience que la joie de vivre est toujours là – mais vous ne pouviez pas le voir à cause du piège.

C'est une sorte de bonus. Lorsque vous décidez d'arrêter de fumer, vous espérez être en meilleure santé et préserver vos finances. Vous n'imaginez pas tous les autres bénéfices que vous allez en tirer.

- **Le dégoût de soi est remplacé par l'estime de soi**

L'incapacité à contrôler notre dépendance nous pousse à nous mépriser, souvent plus que nous n'en avons conscience. Lorsque nous arrêtons de fumer, le sentiment de satisfaction est un puissant stimulant de notre estime de nous-mêmes.

- **Le sentiment d'insécurité est remplacé par une immense confiance en soi**

Lorsque nous prenons conscience que nous sommes capables de faire face au stress, aux relations sociales ou de nous concentrer sans cigarette et que nous affrontons et apprécions mieux que jamais ces situations, cela fait des miracles sur notre confiance en nous.

- **La disparition de l'ombre qui planait sur nous**

Cette ombre est le sentiment latent de souffrance et de peur qui ne cesse de s'accentuer à mesure que nous nous enlisons dans le piège de la nicotine.

- **La fin de l'esclavage**

Le tabac est une corvée qui cause un tourment infini. Lorsque vous n'êtes pas autorisée à fumer, vous regrettez de ne pouvoir le faire, et lorsque vous l'êtes, vous voudriez pouvoir vous en passer.

La somme des bénéfices qu'il y a à arrêter de fumer dépasse largement n'importe quel avantage individuel. L'affirmation « Ma vie a commencé le jour où j'ai cessé de fumer » se passe de commentaire.

Une des lettres les plus inspirantes que nous ayons reçue émanait d'une jeune femme nommée Debbie Sekula. Elle commençait ainsi :

*« Je trouve risible d'avoir atteint le point où j'avais si désespérément envie d'arrêter de fumer que j'en suis venue à acheter un livre ! Cela semble tellement illogique et pathétique. Comment expliquer qu'un livre ait pu réussir là où les méthodes scientifiques avaient échoué ? »*

Dans le monde de l'accro à la nicotine, tout ce que vous pensez savoir sur le piège et la façon dont vous êtes censée en sortir est généralement à l'opposé de la vérité.

Ce livre changera votre façon de percevoir la cigarette pour le reste de votre vie. Savoir, c'est pouvoir. Sans lui, vous vous sentez impuissante, grâce à lui, vous avez un moral de gagnante à qui rien ne résiste.

Debbie continuait ainsi :

*« Je fus alors surprise de constater que j'avais le sourire aux lèvres et que rien ne pouvait l'effacer. En tournant la dernière page de votre livre ce dimanche après-midi, j'ai su que je ne fumerais plus jamais ! J'ai compris que j'étais définitivement guérie.*

*« Je découvre un nouvel univers d'odeurs, de goûts, d'énergie. Je n'arrive pas à croire à quel point je me sens bien ! À cet instant, ma vie est un vrai miracle. C'est vous qui avez ouvert la porte qui m'a libérée et je ne pourrai jamais assez vous remercier.*

**Une nouvelle vie**

De nombreuses fumeuses pensent que la vie ne vaudra plus la peine d'être vécue sans cigarette. En fait, les fumeuses qui arrêtent ne tardent pas à donner un nouvel élan à leur vie. Elles ont tendance à faire davantage de sport, mangent plus sainement et leur vie sociale s'améliore car elles ont une meilleure image d'elles-mêmes. En vérité, il n'y a aucun désavantage à arrêter de fumer tant que cela vous semblera facile.

**Ne brûlez pas les étapes**

***Continuez à fumer en lisant ce livre***

Ce conseil peut vous sembler étrange, mais j'ai vu à quel point les fumeurs pouvaient se laisser distraire lorsqu'ils arrêtent de fumer avant d'être prêts. Je veux que vous m'accordiez toute votre attention tandis que vous lisez ce livre, et je vous promets qu'une fois à la fin, vous serez prête à arrêter. N'utilisez pas cela comme une excuse pour ne lire qu'une ligne par jour ! Si vous avez déjà cessé de fumer depuis un jour ou deux, continuez ainsi et attendez d'avoir la confirmation, à la fin du livre, que vous avez déjà fumé votre dernière cigarette.

*« Vous évoquez une révélation qui peut survenir sous une période de trois semaines. En ce qui me concerne, quelques secondes ont suffi ! Je ne pense même plus au tabac. »*

Le langage dont nous – les non-fumeurs – abusons à propos de cet instant de révélation est assez grandiloquent.

Les mots « miracle » et « magie » se répètent inlassablement. Mais il n'y a aucune magie dans *La Méthode simple*.

Cela peut ressembler à un miracle, mais ce n'est pas un tour de passe-passe.

**C'est un fait.**

# CHAPITRE 3

## *Ni miracle, ni magie*

De nombreuses années après avoir arrêté de fumer, j'ai encore la sensation qu'un miracle a eu lieu. En quoi cette méthode est-elle différente de toutes les autres avec lesquelles j'ai échoué ? Parfois, je me suis arrêté pendant quelques mois, mais sans jamais avoir le sentiment d'être un non-fumeur.

Je n'ai jamais ressenti la joie qui s'est emparée de moi en employant ma *Méthode simple*. J'ai même cru – comme vous le croyez certainement – qu'il y avait plusieurs types de fumeurs.

**LE FUMEUR SOCIAL**
Il semble simplement fumer machinalement. Il semble toujours mal à l'aise, n'inhale jamais la fumée, laisse la cendre se consumer et se fixe comme règle de ne jamais acheter de cigarette.

**LE FUMEUR OCCASIONNEL**
C'est le type envié par le « grand » fumeur. Il semble apprécier intensément chaque cigarette, et pourtant il paraît satisfait de n'en fumer que cinq par jour.

**LE FUMEUR PAR HABITUDE**
Il fume environ vingt cigarettes par jour, mais n'en apprécie que deux. Il semble avoir succombé à l'habitude et prétend qu'il arrêtera si c'était nécessaire pour sa santé.

**LE VÉRITABLE FUMEUR**
En son for intérieur, il sait qu'il est totalement dépendant suite à des années de lavage de cerveau. Il est également convaincu qu'il ne peut en aucun cas apprécier la vie, se concentrer, ni faire face au stress sans une cigarette.

Passer du calvaire d'être une véritable fumeuse à la joie d'être une non-fumeuse fait l'effet d'un miracle. C'est comme si quelqu'un avait soulevé le voile épais et permanent qui vous aveuglait : vous voyez soudain le tabac tel qu'il est, sans le lavage de cerveau qui brouillait votre vue.

Ce n'est pas un miracle. C'est une simple méthode scientifique qui ne peut échouer si vous la suivez à la lettre.

*Passer du calvaire d'être une véritable fumeuse à la joie d'être une non-fumeuse fait l'effet d'un miracle.*

Comment pouvez-vous faire en sorte que cela vous arrive ? Facilement. Et la bonne nouvelle, c'est que vous avez déjà commencé. Tout ce que vous avez à faire, c'est de terminer la lecture de ce livre avec un esprit ouvert.

> « Votre livre a changé ma conception du tabac. Cette fois, je n'ai plus l'impression de passer à côté de quelque chose en arrêtant. »
> *Trish, Michigan*

La question qui se pose alors naturellement est : pourquoi ?

- « Pourquoi cette méthode a-t-elle réussi là où les autres ont échoué ? »
- « Pourquoi est-ce si facile ? »
- « Pourquoi tout le monde n'y a pas recours si elle est si extraordinaire ? »

Vous garderez ces questions à l'esprit tout au long de ce livre. La dernière me laisse encore perplexe. Faites juste en sorte que les questions ne vous détournent pas de votre lecture et ne vous empêchent pas de comprendre le sens de mon propos.

S'il existe tous ces types de fumeurs, pouvez-vous appartenir à une catégorie pour laquelle *La Méthode simple* ne fonctionne pas ?

**Remettez tout en question**

C'était le message du chapitre 1. Remettez en question votre perception du tabac et les faits que je vous expose, de sorte que vous puissiez faire vos propres choix, une fois informée.

**La tactique de la peur**

Tant que nous sommes victimes du lavage de cerveau, aucune peur pour notre santé, si grande fût-elle, ne pourra nous faire arrêter. En fait, cela ne nous pousse qu'à fumer davantage, car quand les fumeurs ressentent de la peur, que font-ils ? Ils fument ! Il vous suffit de regarder devant la porte principale d'un hôpital pour en avoir la preuve.

Imaginez le tabac comme une prison volontaire. Peu importe quels types de prisonniers se trouvent dans la cellule, s'ils possèdent la clé, tous peuvent en sortir.

*La Méthode simple* est la clé qui permettra à n'importe quelle fumeuse de s'échapper immédiatement du piège de la nicotine.

« Mon amie m'a suggéré d'essayer une fois qu'elle aurait réussi à arrêter. Franchement, j'ai ri quand elle s'est extasiée à propos de votre livre. Mais je n'ai ressenti aucune envie de fumer depuis que j'ai arrêté, et je pense avoir réellement réussi cette fois. Bonne chance à tous ceux qui tentent de cesser de fumer et un GRAND MERCI à Allen Carr. »
*Wendy, Nouvelle-Zélande*

**Je peux seulement vous donner la clé, je ne peux pas vous forcer à vous en servir.**

Je vous ai probablement poussée à craindre qu'une partie de votre cerveau ne veuille pas utiliser la clé.

**Ne vous inquiétez pas.**

Les fumeurs sont plus souvent en arrêt maladie que les non-fumeurs. Cela est souvent dû au fait que fumer endommage les minuscules structures chargées d'évacuer les bactéries dans les poumons. Le fumeur souffrira de douleurs au niveau de la poitrine et du cœur. La toux est d'ailleurs un réflexe permettant de dégager les voies respiratoires partiellement bloquées et d'expulser les particules indésirables.

Il est normal d'éprouver des doutes à ce stade. *La Méthode simple* les dissipera. Gardez toujours à l'esprit que vous n'avez absolument rien à perdre. Finissez d'abord le livre, puis décidez si vous voulez arrêter. À la fin de ce livre, vous serez libre, comme Debbie (voir page 21).

Il y a plusieurs raisons pour lesquelles j'ai choisi de faire figurer la lettre de Debbie. Examinons à nouveau certaines de ses remarques.

*« Je trouve risible d'avoir atteint le point où j'avais si désespérément envie d'arrêter de fumer que j'en suis venue à acheter un livre ! »*

À l'évidence, Debbie était sceptique à l'égard de *La Méthode simple*, comme toutes les fumeuses au début.

**Théorie des « experts »**

Les experts de santé estiment que la réussite se mesure après un an d'abstinence. Pourquoi un an ? Sur quelle preuve scientifique se fonde cette estimation ?

Malgré tout, elle a terminé le livre et incontestablement, elle a réussi. Elle a compris le « pourquoi ».

Si cette durée de référence était pertinente, personne ne rechuterait après un an d'abstinence ! Pourtant, il y a un nombre incalculable de cas de fumeuses qui ont arrêté pendant des années avant de redevenir accros à la cigarette.

Dans nos centres, les femmes sont ravies de constater que nous supprimons ce délai. Cela peut sembler être un miracle ou de la magie, mais c'est en réalité une méthode simple

**Vous avez du mal à avoir une image nette ?**

À ce stade, votre vision du tabac est brouillée, un peu comme une image en 3D, et tant que vous n'aurez pas la bonne approche, elle restera ainsi. Dès l'instant où vous examinerez la situation avec un regard neuf, tout deviendra parfaitement limpide.

fondée sur la science, le bon sens et des faits.

***Vous devez lire ce livre jusqu'au bout pour vous assurer de ne plus jamais être tentée de fumer.***

Debbie a su qu'elle était libre avant même d'avoir éteint sa dernière cigarette. Elle n'a pas eu besoin d'attendre deux semaines.

*« En tournant la dernière page de votre livre ce dimanche après-midi, j'ai su que je ne fumerais plus jamais ! J'ai compris que j'étais définitivement guérie. »*

Si vous avez la chance d'éprouver la même chose avant d'avoir terminé la lecture de ce livre, vous devez malgré tout aller jusqu'au bout. Il ne suffit pas d'atteindre l'état d'euphorie si bien décrit par Debbie : nous devons nous assurer que vous le conserviez pour ne plus jamais être tentée de fumer.

**Effets secondaires désastreux**

Le tabac ne nuit pas seulement au fumeur. Le tabagisme passif affecte aussi tous ceux qui l'entourent, y compris les gens avec qui il vit. Le tabagisme passif est la plupart du temps invisible et sans odeur, mais il comporte des substances toxiques, telles que l'arsenic et le cyanure.

**Notre garantie**
Dans nos centres, nous remboursons les clients qui ne parviennent pas à arrêter pendant au moins trois mois. Plus de 80 % de nos clients viennent nous voir par le bouche à oreille, et moins de 10 % d'entre eux demandent à être remboursés.

Tristement, certains fumeurs réussissent à arrêter grâce à *La Méthode simple* pendant plusieurs semaines et même plusieurs années, mais finissent par retomber dans le piège.

Il y aura toujours un prétendu « expert » médical pour secouer la tête et dire avec sagesse : « Vous voyez ! Elle n'était pas vraiment guérie. On ne peut considérer que quelqu'un a arrêté de fumer tant que l'abstinence n'a pas atteint un an ! »

Ce même « expert » oubliera également de façon très opportune qu'on ne peut pas considérer une fumeuse comme guérie après une abstinence d'un an, comme nous ne cessons de le constater.

Ce n'est pas la durée qui permet de mesurer si une fumeuse a réussi à devenir une non-fumeuse. C'est son état d'esprit.

Ma méthode n'est ni magique, ni miraculeuse. Elle n'est pas non plus soutenue par de puissantes institutions, ni financée par des conglomérats pharmaceutiques internationaux comme ces pilules, patchs et autres substituts à la mode qui n'ont aucun effet.

***Plus de 80 % de nos clients viennent nous voir sur la recommandation d'un proche.***

**Bonne année ! Ou pas !**

« Arrêter de fumer » est de loin la résolution du nouvel an la plus répandue. Je connais de nombreux cas de fumeurs qui ont célébré leur première année d'abstinence en fumant « juste une » cigarette. Avant même d'en avoir conscience, ils étaient retombés dans le piège. Pour ces personnes, il est plus juste de dire que l'année d'abstinence n'a pas été un succès mais un échec.

Je n'ai jamais fait aucune publicité, pourtant mon premier livre, *La Méthode simple pour en finir avec la cigarette*, est un best-seller depuis sa première publication en 1985. Il existe maintenant plus de 150 centres *La Méthode simple* dans plus de 45 pays à travers le monde, à l'exception de l'Antarctique.

Si ce n'est ni de la magie, ni un miracle, alors qu'est-ce que c'est ? Il n'y a qu'une seule raison pour laquelle ma méthode s'est répandue à travers le globe.

**ÇA MARCHE !**

*« Allen Carr ? Qu'est-ce qu'il en sait ? »*

# CHAPITRE 4

## *Comment savoir si vous êtes guérie ?*

En règle générale, avec la méthode fondée sur la « volonté », vous commencez par une vision morose de la situation, mais vous avez espoir de réussir si vous parvenez à surmonter les souffrances liées à la privation pendant assez longtemps. Mais « assez longtemps », ça dure combien de temps ?

Nous avons déjà établi que même une abstinence d'un an n'était pas une garantie contre l'échec.

Par conséquent, vous rassemblez votre volonté et vous attendez. Qu'attendez-vous ? Rien. C'est une sorte de torture perpétuelle. Vous attendez que rien ne se produise.

Plus longtemps vous tenez, plus longtemps dure la torture. Vous puisez de plus en plus profondément dans vos réserves, mais vous ne faites que prolonger l'agonie.

### La volonté à l'œuvre

Lorsqu'un enfant a un jouet et que vous le lui retirez, que se passe-t-il ? S'il n'a pas une volonté trop affirmée, l'enfant passera outre le conflit et le sujet sera clos. Mais si l'enfant est très tenace, il vous le reprochera longtemps, parfois même jusqu'à l'âge adulte. De même, l'ancien fumeur plaintif déplorera toujours le manque de nicotine vingt ans après avoir arrêté, en général lorsqu'il sera en état d'ébriété, ou qu'il fera face à une situation stressante.

**Un dilemme qui ne finit jamais**
Le problème, lorsqu'on a recours à la méthode fondée sur la « volonté », est que vous aurez toujours l'impression de vous priver d'un plaisir. Au plus profond de votre inconscient, vous croyez encore au lavage de cerveau auquel vous avez été soumis pendant toute votre vie.

La dernière fois que j'ai eu recours à la méthode fondée sur la « volonté », j'ai survécu pendant six mois entiers sans une seule bouffée de cigarette ou de cigare. Au bout de six mois, j'étais devenu une boule de nerfs incapable d'achever le moindre travail exigeant la moindre matière grise. Et j'ai abandonné.

**Je me suis méprisé d'avoir abandonné.**

Maintenant que le tabac n'a plus de secret pour moi (comme il commence à en avoir moins pour vous), je suis conscient que, quel que soit le temps que j'aie tenu bon, je n'avais pas plus de chances de réussir que de monter à skis au sommet du Mont Blanc. Ma volonté ne servait qu'à prolonger mon calvaire.

*« Je ne pouvais cesser d'y penser, alors je me suis remise à fumer ! »*

***La vie de la personne qui ressent encore le besoin ou le désir de fumer est un calvaire, qu'elle continue ou qu'elle cesse.***

Si, en éteignant ce que vous espérez être votre dernière cigarette vous croyez encore que vous ne pourrez apprécier la vie, vous concentrer ou faire face au stress sans fumer, les souffrances que vous vous apprêtez à endurer ne feront que renforcer cette croyance.

À cause du lavage de cerveau, la vie de la personne qui ressent encore le besoin ou le désir de fumer est un calvaire, qu'elle continue ou qu'elle renonce au tabac. Il est donc essentiel de supprimer le besoin ou le désir.

Terminez la lecture du livre, suivez mon conseil et vous saurez bientôt ce qu'est le véritable plaisir.

Certaines femmes finissent par réussir à « renoncer » au tabac par la seule « volonté ». Elles tiennent bon, supportent les privations, parce qu'on leur a dit que ce serait difficile. Il ne leur vient jamais à l'esprit qu'il existe peut-être une méthode plus facile. Et c'est une des failles principales de la méthode fondée sur la « volonté » : elle nous dit que nous ne pouvons jamais être réellement libres.

Gardez à l'esprit que vous souffrez parce que vous êtes tombée dans le piège et non parce que vous essayez de vous en échapper. Les non-fumeuses n'endurent jamais de telles tortures.

Peut-être avez-vous votre propre opinion sur le moment où vous saurez que vous êtes guérie. Réfléchissez bien à cette question, puis comparez votre réponse avec celle que nous recevons des clientes de nos centres :

*« Quand je pourrai rester une journée sans fumer. »*

Il vous arrive de rencontrer des fumeuses de longue date qui prétendent tellement aimer la cigarette qu'elles n'ont jamais éprouvé le désir d'arrêter. En vérité, elles sont effrayées à l'idée d'arrêter. Hélas, le fait qu'une fumeuse n'ait pas réussi à être abstinente ne serait-ce qu'un jour n'est pas une garantie qu'une fois qu'elle aura réussi à arrêter elle sera libre.

*« Quand j'aurai tenu un an sans cigarette. »*

Nous avons déjà abordé cette opinion très répandue. Mais pouvez-vous imaginer la terreur que peut inspirer une telle affirmation chez les femmes du groupe précédent ? Pas étonnant qu'elles repoussent ce jour fatidique.

*« Quand je pourrai aller à une soirée et en profiter. »*

C'est déjà mieux, mais comment savoir si elles apprécieront la fête suivante ?

*« Quand je me sentirai comme une non-fumeuse. »*

Les non-fumeuses ne se sentent pas davantage comme des non-fumeuses que celles qui ne prennent pas d'héroïne ne se sentent des non-droguées. Et celles qui ne mangent pas de carottes ne se sentent pas non plus comme des non-mangeuses de carottes.

*« Quand je pourrai me concentrer sans cigarette. »*

Si elles croient que les cigarettes les aident à se concentrer, à la moindre panne d'inspiration, elles mourront d'envie de prendre une cigarette, renforçant ainsi leur incapacité à se concentrer.

*« Je ne sais pas. »*

Cette réponse n'est pas très encourageante, mais elle a le mérite d'être honnête et montre qu'elles ont compris que les réponses précédentes menaient à une impasse.

*« Jamais ! »*

C'était ce que je croyais. Et je me réjouis d'avoir eu tort.

*« Quand je cesserai d'y penser. »*

Je cite à nouveau Debbie : « Je ne pense même plus à fumer. »

C'est un thème récurrent des lettres que nous recevons, alors serait-ce la clé de *La Méthode simple* ? Après tout, on ne peut nier que Debbie était heureuse d'être non-fumeuse.

*« Lire votre livre et avoir saisi cette chance a été la décision la plus incroyable que j'ai prise de ma vie... »*

Oui, Debbie était sans aucun doute heureuse d'être non-fumeuse, mais elle n'a pas réellement cessé de penser au tabac. Si l'on se fie uniquement à sa lettre, Debbie a énormément pensé au tabac, mais cela ne l'a pas rendue malheureuse. Savoir qu'elle n'était plus esclave du tabac lui a donné une certaine allégresse.

Ne pas penser au tabac est un conseil délivré par les « experts » qui, plus que n'importe qui, transforment la méthode fondée sur la « volonté » en un véritable cauchemar.

**L'EXPERT :** *« Essayez de vous changer les idées. Évitez les situations qui vous rappellent le tabac. »*

*Cela veut-il dire que vous devez éviter de rester chez vous, d'aller travailler, ainsi que tous les lieux où vous avez une vie sociale ?*

**L'EXPERT :** *« Vous allez trop loin, vous devez simplement rester à l'écart des fumeurs jusqu'à ce que vous ayez réussi. »*

**VOUS :** *« Et combien de temps cela prendra-t-il ? »*

**L'EXPERT :** *« Un an. Peut-être plus. »*

**VOUS :** *« Vous m'aidez beaucoup ! Et que me suggérez-vous de faire pendant ce temps ? »*

Pas étonnant que si peu de fumeuses parviennent à « renoncer » au tabac en ayant recours aux méthodes fondées sur la « volonté ».

Il suffirait donc d'avoir des pensées agréables chaque fois que vous êtes tentée d'en allumer une ?

**« C'EST FANTASTIQUE ! JE SUIS LIBRE ! JE N'AI AUCUNE ENVIE D'ALLUMER UNE CIGARETTE. »**

Cela peut fonctionner pendant quelques jours, mais ne perdez pas votre temps à essayer cette technique. Prononcer ces mots ne suffit pas, vous devez les comprendre et être convaincue de leur bien-fondé.

### Les éléphants roses

Ne trouvez-vous pas que plus vous essayez de NE PAS penser à une chose, plus elle occupe votre esprit ? Essayez de vous dire de ne pas penser à des éléphants roses. Maintenant, quelle est la première chose qui vous vienne à l'esprit ?

*« Monsieur Carr, quel est le secret de* La Méthode simple *? »*

*« Les fumeuses arrivent dans nos centres dans un état de panique, croyant qu'elles vont devoir passer par une longue période de souffrances. La plupart repartent cinq à six heures plus tard, se réjouissant déjà d'être non-fumeuses. »*

*« Que pouvez-vous bien leur dire ? »*

*« Avez-vous cinq à six heures devant vous ? »*

***« Des pensées agréables ? Je préférerais une cigarette ! »***

J'ai eu cette conversation si souvent ! Les gens pensent que je cherche à éluder la question. Je peux vous assurer que ce n'est pas le cas. Pour reprendre l'expression de Debbie, je vous ouvre la porte. Mais Debbie n'a ressenti un état d'euphorie qu'après avoir franchi cette « porte ».

***Qu'elles aient ou non le courage de l'admettre, toutes les fumeuses se considèrent comme stupides et dépourvues de volonté.***

Aux réceptions, je suis souvent pris à partie par des fumeurs qui veulent me convaincre du plaisir et du soutien que leur apporte le tabac. J'écoute patiemment, pensant : « J'aime manger des petits pois, mais je ne ressens pas le besoin de me justifier auprès de quelqu'un qui ne les aime pas. »

Lorsque je fais remarquer que je ne comprends pas pourquoi, s'ils ont tant de plaisir à fumer et que cela leur apporte un tel soutien, ils n'encouragent pas leur progéniture à les imiter, ils me regardent comme si c'était moi qui étais perturbé.

La plupart des fumeurs croient être stupides parce qu'ils fument, et certains pensent le contraire : qu'ils fument parce qu'ils sont stupides.

« J'ai été une grosse fumeuse pendant plus de vingt ans. Fumer était plus important que tout le reste. J'étais franchement convaincue que j'étais condamnée à fumer pour le restant de mes jours ! Le livre d'Allen Carr a été un véritable salut ! Tout le monde devrait le lire ! »
*Kim H., Écosse*

Aucune de ces affirmations n'est vraie. Même les gens les plus intelligents font de temps à autre des choses stupides.

Personne ne continue à fumer de façon accidentelle, qu'il ait un QI très élevé ou non. La grande majorité des cigarettes que nous fumons, nous le faisons de façon inconsciente. Pourtant, quand nous sommes à court, nous allons acheter des cigarettes ou nous en taxons une à un autre fumeur. Et cette fois, c'est un acte délibéré et conscient.

Que ce soit bien clair dans votre esprit : il y a une raison pour chaque cigarette que vous fumez, et ce n'est ni par stupidité, ni par manque de volonté. Vous pensez peut-être connaître cette raison. Si c'était le cas, vous ne seriez pas en train de lire ce livre. Vous seriez déjà une non-fumeuse heureuse, et le resteriez jusqu'à la fin de votre vie.

***Il y a une raison pour chaque cigarette que vous fumez, et ce n'est ni par stupidité, ni par manque de volonté.***

La seule chose qui importe, c'est l'efficacité. Vous avez commencé ce livre le moral en berne, remplie d'appréhension, mais très bientôt, vous serez sur un petit nuage.

Cessez de vous demander comment *La Méthode simple* fonctionne. Debbie était sceptique au début, mais après avoir terminé le livre, elle était euphorique, et elle l'était davantage encore une semaine plus tard. Des millions de fumeurs ont eux aussi pu s'arrêter sans effort avec *La Méthode simple*.

# CHAPITRE 5

## *Mes revendications*

En dépit des promesses que les gens vous font, il est en réalité beaucoup plus difficile d'arrêter avec les autres méthodes. La logique actuelle des professionnels de santé vis-à-vis du tabac revient à suggérer à quelqu'un qui ne sait pas nager de s'attacher les jambes et de porter une ceinture de plomb en guise de bouée.

Si apprendre à nager impliquait de s'infliger ce genre de torture physique, vous ne reprocheriez à personne de rester hors de la piscine et de prendre la décision de vivre sans savoir nager, n'est-ce pas ?

*« Aller nager ? Cela me semble bien trop dangereux, chéri. En revanche, je prendrais bien une de tes cigarettes. »*

*Toutes les autres méthodes pour arrêter de fumer vous compliquent en fait la tâche.*

Maintenant, imaginez une méthode qui vous permette d'arrêter de fumer :

- FACILE, IMMÉDIATE ET PERMANENTE
- SANS SOUFFRANCE NI SYMPTÔME DE MANQUE
- SANS AVOIR BESOIN D'AVOIR RECOURS À VOTRE VOLONTÉ
- SANS PILULE, NI GADGET ET SANS PÉRIODE INITIALE DE CALVAIRE
- ET AVEC LAQUELLE VOUS APPRÉCIERIEZ BIEN PLUS LES SORTIES

Imaginez que vous connaissiez une méthode grâce à laquelle vous seriez :

- MIEUX PRÉPARÉE POUR FAIRE FACE AU STRESS
- MOINS NERVEUSE ET TENDUE
- PLUS SÛRE DE VOUS ET COURAGEUSE
- PLUS APTE À VOUS CONCENTRER
- SANS JAMAIS ÊTRE SUBMERGÉE PAR L'ENVIE IRRÉPRESSIBLE D'UNE CIGARETTE
- ET SANS ÊTRE TENTÉE DE MANGER DAVANTAGE

Que diriez-vous de telles propositions ? D'après les experts, une telle méthode serait trop belle pour être vraie. Comment cela pourrait-il exister ? En premier lieu, elle aurait l'effet opposé de toutes les méthodes fondées sur la volonté, elle permettrait d'arrêter de fumer sans effort.

*« Il est facile d'arrêter de fumer. Je l'ai fait cent fois. »*

Supposez juste un instant qu'une telle méthode existe et qu'en plus elle vous permette de continuer à fumer pendant que vous apprenez à l'appliquer. Auriez-vous besoin d'une autre méthode ?

**J'ai une bonne nouvelle pour vous. La méthode que je viens de vous présenter existe. Je l'appelle *La Méthode simple* et vous avez déjà commencé à l'utiliser.**

Mais si ce que je revendique est vrai, le monde médical ne devrait-il pas en être informé ? Et ne pensez-vous pas que, s'il recommande une autre méthode, il ne rend la tâche que plus ardue pour les patients ?

Nous avons subi un lavage de cerveau destiné à nous faire croire qu'il est incroyablement difficile d'arrêter de fumer. Pourtant, des milliers de fumeurs ont arrêté du jour au lendemain sans éprouver la moindre difficulté.

Vous connaissez sans doute ou avez entendu parler de gens qui ont arrêté de fumer sans aide ni difficulté apparente. Ils n'éprouvent pas la même sensation d'euphorie que Debbie et la majorité des anciens fumeurs qui ont utilisé *La Méthode simple*. Pourtant, aussi étonnant que cela puisse sembler, ils trouvent assez facile d'arrêter de fumer. La différence entre ces fumeurs et moi est qu'ils ne savent pas pourquoi ils ont trouvé cela si facile.

Avant d'avoir découvert *La Méthode simple*, j'ai essayé d'autres méthodes. Certaines ont même été efficaces, mais seulement à court terme.

Parfois, lors des séances de groupe dans nos centres, un client commence à recommander sa propre « méthode » aux autres participants. Nous lui demandons alors pourquoi il vient dans nos centres si sa méthode est si efficace.

« J'ai fait une chose stupide. J'ai fumé une seule cigarette. Je n'en avais même pas réellement envie... »

Nous lui demandons alors pourquoi il n'a pas eu recours à sa méthode à nouveau.

« Je l'ai fait, mais ça n'a pas fonctionné cette fois. »

La société en général, y compris les gens qui n'ont jamais fumé, pense qu'il est très difficile d'arrêter de fumer. Certains fumeurs croient même que c'est impossible. Comme on nous rabâche cette idée reçue dès notre plus jeune âge, il est naturel d'être sceptique vis-à-vis de toute méthode qui revendique de vous aider à arrêter aussi facilement.

*« Ma méthode est super. Quel dommage qu'elle ne m'ait pas aidée à arrêter de fumer. »*

Mais imaginez que vous ayez appris à nager les jambes attachées et avec une ceinture de plomb et qu'ensuite quelqu'un vous parle d'une autre méthode où vous auriez les jambes libres et une bouée. Ne voudriez-vous pas au moins essayer ?

Pourquoi devrait-il être difficile d'arrêter, ou même impossible ? Nous avons déjà établi que personne ne nous force à allumer une cigarette, excepté nous-mêmes. Alors, si vous décidez que vous ne voulez plus jamais fumer, pourquoi serait-il difficile de le faire, tout simplement ?

**Tout le monde sait que fumer est une habitude et que les habitudes sont difficiles à rompre.**

Ces deux affirmations sont mensongères : nous ne fumons pas par habitude, et même si c'était le cas, elle serait ridiculement facile à rompre.

**Qu'est-ce qu'une habitude ?**

C'est un comportement récurrent. Supprimez la répétition et il n'y a plus d'habitude.

### Mû par l'habitude

Pendant presque toute mon existence, j'ai roulé à gauche. Ce n'est pas seulement par habitude. Quand je suis dans des pays où on roule à droite, il m'est très facile de modifier cette habitude, pour des raisons évidentes.

« Mon mari et moi avons tous deux fumé pendant huit ans. Nous avons acheté le livre *La Méthode simple* et l'avons lu en une journée. Je n'ai pas touché à une cigarette depuis, et ce depuis des années. J'offre ce livre à tous mes amis fumeurs pour Noël. »
*Amber, États-Unis*

L'intérêt réside dans la cause de la répétition.

L'habitude n'est jamais l'explication d'un comportement récurrent. Pour mettre fin à une habitude, vous devez supprimer la cause du comportement récurrent.

En Grande-Bretagne, nous conduisons à gauche parce que c'est une loi simple qui est facile à comprendre. Changez cette loi, et nous trouverons tout aussi simple de prendre l'habitude de rouler à droite.

*« Ce n'est qu'une habitude. Rien dont on doive se soucier. »*

Mais supposons que la seule raison pour laquelle nous continuons à fumer est que nous avons pris l'habitude de le faire. Si c'était vrai, pourquoi aurions-nous tant de difficulté à y remédier ? Ce serait simple comme bonjour, il suffirait de ne pas allumer une autre cigarette.

***Je sais que la torture est bien réelle, je l'ai endurée pendant six mois.***

L'autre raison avancée par les « experts » pour expliquer qu'il soit si difficile d'arrêter : les terribles symptômes de manque. C'est un autre mythe et il est tout aussi facile à faire voler en éclats.

Certains fumeurs se plaignent que les symptômes sont comparables à ceux de la grippe. Si, pour arrêter, nous devions seulement souffrir des symptômes de la grippe pendant quelques jours, nous sauterions sur l'occasion. Mais en réalité, il n'y a aucune souffrance physique.

Les fumeurs peuvent dormir à poings fermés toute la nuit sans fumer. Ils ne s'éveillent pas en s'arrachant les cheveux. Beaucoup d'entre eux prendront un thé, un café ou même un petit déjeuner avant d'allumer leur première cigarette de la journée. Certains attendront d'avoir quitté leur domicile et d'autres d'être arrivés sur leur lieu de travail. Et ils ne sont ni à l'agonie, ni sur le point de céder à une crise de nerfs.

**Où cela fait-il mal ?**

La prochaine fois que vous ressentirez le besoin de fumer une cigarette, essayez de décrire ce que vous éprouvez. Essayez de déterminer là où ça fait mal. Pouvez-vous définir, même de façon imprécise, un point où la sensation se manifeste ? En vérité, vous ne pouvez pas. Vous éprouvez simplement une sensation d'agitation et de malaise, et à tout moment vous savez que vous pouvez y remédier en allumant une cigarette.

Imaginez qu'en cherchant une cigarette, vous découvriez que votre paquet a disparu. Vous serez immédiatement prise de panique et commencerez à fouiller dans vos poches, tiroirs et sacs à main, cherchant désespérément votre dose de nicotine.

C'est le même sentiment de panique que vous ressentez lorsque vous sortez le soir et que vous voyez vos réserves s'épuiser, et qui atteint son point culminant lorsque vous allumez votre dernière cigarette. Réfléchissez-y : à ce moment-là, la nicotine pénètre dans votre corps, et non l'inverse. Et pourtant, c'est le manque de nicotine qui est censé provoquer une sensation de manque.

Vous rationnez vos réserves comme si elles étaient aussi précieuses que de l'eau dans le désert. Mais essayer d'arrêter n'entraînera aucune souffrance physique, et pour peu que vous vouliez arrêter, « l'habitude » sera facile à rompre. Et cela ne s'applique pas seulement à vous, mais à toutes les fumeuses.

Pourtant, il est indéniable que la grande majorité des fumeuses trouvent extrêmement difficile d'arrêter, sinon impossible.

**Il y a une seule raison à cela : la peur.**

> « Si vous lisez ce livre, vous arrêterez de fumer, un point c'est tout. Vous lisez le livre, vous arrêtez quand vous avez terminé, et c'est tout. Vous ne ressentez aucune envie irrépressible de fumer. En fait, vous ne pouvez absolument pas vous permettre de passer à côté de la lecture de ce livre. »
>
> *CPJ, États-Unis*

Le sentiment de panique d'avoir envie d'une cigarette et de ne pouvoir la satisfaire – voilà ce qu'est la torture endurée par la fumeuse. Les fumeuses donneront volontiers une cigarette à un parfait inconnu, mais leur dernière cigarette, jamais !

Cette torture liée à l'impossibilité d'avoir sa dose de nicotine n'a rien de physique. Elle est uniquement mentale, mais elle est néanmoins bien réelle et comment pouvez-vous savoir quand elle prendra fin – et même si elle prendra fin un jour ?

**Non, ça ne finira jamais !**

Examinons la méthode fondée sur la « volonté ». Cela commence avec un sentiment de morosité, espérant désespérément qu'à force de volonté, nous pourrons endurer le calvaire assez longtemps jusqu'à la délivrance.

**Mais pourquoi devrions-nous nous nous infliger un tel calvaire ?**

Après tout, nous décidons que nous ne voulons plus fumer, pourquoi ne pas nous réjouir ?

***Les fumeurs donneront volontiers une cigarette à un parfait inconnu, mais leur dernière cigarette, jamais !***

Sans doute en raison du sentiment de panique que nous avons abordé. Mais cela ne l'explique pas. Nous avons déjà établi que les fumeuses n'éprouvent ce sentiment de panique que lorsqu'elles ont envie de fumer et n'y sont pas autorisées. Alors, pourquoi devriez-vous en souffrir alors que vous avez décidé de ne plus jamais fumer ?

Peut-être pensez-vous que la nicotine est une drogue qui crée une dépendance et que, comme toute personne en cours de sevrage, vous serez en état de manque pendant une période indéterminée après l'arrêt du tabac.

Cela semble très logique, mais cela n'explique pas tout. Que veut dire le « manque » ? Dans ce contexte, cela ne veut rien dire de plus ou de moins que : « Je veux une cigarette ! » Mais j'ai juste décidé que je ne voulais jamais plus fumer, alors pourquoi en ai-je encore envie ? En fait, c'est totalement illogique.

« J'ai commencé à fumer à l'âge de 13 ans et ai arrêté à 31 ans après avoir lu le livre d'Allen Carr. Cela fait quinze mois maintenant et je suis toujours une non-fumeuse heureuse ! Je n'éprouve aucune envie de fumer, et je n'en aurai plus jamais envie. J'ai recouvré ma santé et mon énergie qui m'avaient été dérobées et je me sens en super forme ! »
*Sam H., Australie*

Imaginez cette conversation entre deux amies prenant un café :

*J'adorerais venir faire les magasins avec toi samedi, Jane.*

*J'aimerais beaucoup que tu te joignes à moi, Emma. Je déteste faire les magasins seule.*

*Mais je dois aller voir John jouer au foot. C'est tellement ennuyeux. Et en plus il est trop vieux pour jouer, et je reste plantée là, debout sous la pluie et le vent, terrifiée à l'idée qu'il se casse une jambe. Et le pire, c'est d'avoir à écouter ces chansons débiles après le match.*

*Il serait temps qu'il mûrisse. Et tu ne vaux pas mieux que lui, à l'encourager comme tu le fais.*

*Tu as tout à fait raison. Je ne cesse de menacer de le laisser y aller seul. Allez, c'est décidé, je viens faire les magasins avec toi !*

Maintenant, essayez d'imaginer Jane, le samedi suivant,

*Désolée*
*Emma, mais j'ai une envie*
*terrible de me précipiter au stade. J'essaie*
*désespérément de ne pas y céder. J'espère que*
*je n'aurai pas à subir cette torture*
*tous les samedis.*

Vous avez sans doute entendu des fumeurs déclarer : « Ça suffit ! J'en ai assez de cette habitude répugnante ! Je dépense une fortune pour avoir le privilège de me ruiner la santé. J'arrête ! »

Lorsqu'ils arrêtent, ne passent-ils pas les jours ou les semaines qui suivent, à dire : « Je pourrais tuer pour une cigarette ! »

**Libérez-vous**

Selon l'American Lung Association, environ un Américain sur cinq est fumeur. Le nombre de fumeurs dans l'Union européenne est légèrement inférieur à un tiers de la population. Le pourcentage des fumeurs qui souhaitent arrêter dépasse largement les 90 %.

Peut-être avez-vous été en proie à ce processus totalement illogique. En ce qui me concerne, cela m'est arrivé à de nombreuses reprises. La « dépendance » est seulement un mot que nous employons pour le décrire. Mais l'emploi de ce mot n'explique pas pourquoi des gens par ailleurs intelligents peuvent agir de façon si stupide.

**Renoncer à renoncer**

Vous avez peut-être remarqué que je mets toujours le mot « renoncer » entre guillemets, et que je ne l'emploie que lorsque je me réfère à la méthode fondée sur la volonté. C'est parce que le verbe renoncer implique un sacrifice. *La Méthode simple* ne comporte aucun sacrifice. Vous ne renoncez à rien et avez tout à gagner.

Les fumeuses n'aiment peut-être pas leur état et trouvent illogique que le fait d'aspirer de la fumée nocive puisse être agréable, les aider à se concentrer ou à les délivrer de leur ennui ou du stress. Mais en réalité, toutes croient qu'elles ont plaisir à fumer ou qu'elles ont besoin du soutien de la cigarette.

Elles ne se donnent pas la peine d'essayer de comprendre pourquoi. De leur point de vue, c'est une réalité.

***Toutes les fumeuses pensent qu'elles éprouvent du plaisir à fumer ou que le tabac leur apporte un soutien.***

Il est indéniable que lorsque les fumeuses allument leur cigarette, elles se sentent plus détendues et moins stressées que l'instant précédent. Mais si vous êtes convaincue de cela avant d'éteindre votre dernière cigarette, vous n'avez aucune raison de cesser d'y croire une fois que vous l'aurez fumée.

*« L'haleine du fumeur ? Cela ne me touche pas du tout. »*

Suite à ce lavage de cerveau, rien d'étonnant à ce que vous continuiez de ressentir l'envie impérieuse d'une cigarette chaque fois que le téléphone sonne ou que vous êtes sous tension. Et lorsque votre amie allumera une cigarette après le repas et que vous ne pourrez pas le faire, vous aurez la sensation de vous priver.

Vous espérez que le problème se résoudra avec le temps, mais pourquoi le temps aurait-il une incidence ? Ne dit-on pas que l'absence renforce les sentiments ?

## Plaintes de celles qui arrêtent

Certaines personnes parviennent à « renoncer » à la cigarette avec la méthode de la « volonté ». Certaines d'entre elles se réjouiront même d'avoir arrêté et vous diront de façon sincère que la cigarette ne leur manque pas du tout. Le temps œuvre à la résolution de leur problème. Cependant, la majorité d'entre elles admettront que la cigarette leur manque parfois, en particulier à la fin des repas. À force d'entendre ces plaintes, nous avons peur d'arrêter, elles sont à l'origine du mythe « fumeur un jour, fumeur toujours », à cause duquel vous ne pourrez jamais être totalement libre.

Les méthodes fondées sur la « volonté » sont très difficiles à suivre pour la plupart des fumeuses et impossibles pour certaines parce que nous avons subi un lavage de cerveau depuis notre naissance et avons été conditionnés à croire que c'est extrêmement difficile.

Si vous parvenez à rassembler assez de courage pour essayer une de ces méthodes, l'expérience ne fera que confirmer cette croyance.

Cependant, la difficulté principale de la méthode fondée sur la « volonté » est l'incertitude. Nous nous lançons dans ce projet avec un vague espoir, et non avec la certitude de réussir. Et nous nous laissons envahir par des pensées négatives.

Apprendre à nager peut être un processus difficile et effrayant, mais avez-vous déjà assisté à l'euphorie d'un

### Influencer les autres

Quand vous aurez réussi à arrêter avec *La Méthode simple*, vous voudrez naturellement aider vos amis fumeurs à tirer bénéfice de votre expérience. Ne soyez pas frustrée s'ils ne semblent pas enthousiastes. S'ils viennent juste d'échouer après avoir essayé une méthode fondée sur la « volonté », leur demander d'essayer *La Méthode simple* serait comme tenter de persuader un coureur de marathon qui s'est effondré à cent mètres de la ligne d'arrivée de se reposer pendant une demi-heure avant de recommencer la course !

enfant qui commence à savoir se débrouiller dans l'eau ? Il n'a peut-être flotté que sur deux mètres, mais l'enfant sait avec une certitude absolue qu'il a réussi seul, sans l'aide de personne. Il sait nager !

Si votre objectif est de passer une année entière sans fumer, vous ne pouvez donc pas réussir tant que l'année ne sera pas écoulée.

Si votre objectif est d'arrêter de fumer pour le restant de vos jours, vous ne pourrez réussir tant que vous ne serez pas à la fin de votre vie.

Réfléchissez à ce que cela signifie.

**Même si vous réussissez, vous ne le saurez pas de votre vivant !**

L'autre inconvénient majeur de la méthode fondée sur la « volonté » est que ceux qui y ont recours ont la sensation de faire un énorme sacrifice. Ils sont réellement convaincus qu'ils tirent un plaisir de la cigarette ou qu'elle leur apporte un soutien. Et un seul moment d'ivresse suffit à les faire retomber dans le piège.

*« Je ne fume que lorsque j'en ai envie. Le problème, c'est que j'en ai presque tout le temps envie. »*

Dans le chapitre précédent, je vous ai demandé de réfléchir à la question : « Comment saurez-vous si vous avez réussi ? ». Je viens juste

### En quête de certitude

Si vous demandez à un trappeur : « Pouvez-vous affirmer avec certitude que vous ne vous prendrez jamais le pied dans un piège à ours ? », la réponse serait probablement « Non. » Mais modifiez légèrement la question : « Pouvez-vous affirmer avec certitude que vous ne vous prendrez jamais VOLONTAIREMENT le pied dans un piège à ours ? » Un trappeur peut passer sa vie à avoir peur de marcher de façon accidentelle sur un piège à ours, mais il ne se soucie pas de le faire volontairement, surtout s'il a déjà été pris au piège !

de vous démontrer que personne ne peut savoir avec certitude qu'il ne fumera plus jamais tant qu'il n'aura pas poussé son dernier soupir. Alors, comment celles qui arrêtent de fumer avec *La Méthode simple* peuvent-elles savoir qu'elles ne fumeront plus jamais ?

La comparaison vous semblera peut-être peu convaincante. Et elle l'est si l'objet de votre comparaison est la fumeuse qui essaie d'arrêter à l'aide de la méthode fondée sur la « volonté ». Si elle vit un véritable calvaire et ne voit pas le bout de ses souffrances, elle choisira sans doute de se remettre à fumer.

En fait, c'est ce que font 90 % des fumeuses.

Mais imaginez ressentir un incroyable sentiment de soulagement d'avoir échappé au tabac – le plaisir absolu de la liberté. *Pensez-vous que vous vous inquiéterez d'être à nouveau prise au piège ?*

# CHAPITRE 6

## *Dévastation*

- *Laissez-moi vous parler de cette nouvelle drogue.*
- *Elle se nomme « Dévastation ».*
- *Elle est issue d'une plante qui appartient à la même famille que la belladone.*
- *Elle figure parmi les drogues qui créent une des dépendances les plus redoutables.*
- *Une seule dose vous rendra dépendante.*
- *Plus de 60 % des adultes des tribus indigènes y deviennent accros.*
- *C'est un poison si puissant qu'il est commercialisé comme insecticide.*
- *Elle détruit progressivement le système immunitaire, provoque l'essoufflement et la léthargie et tue un usager sur trois.*
- *Elle a mauvais goût et détruit systématiquement le système nerveux, entraînant un sentiment d'insécurité et un manque de confiance en soi.*
- *Elle coûte à l'usager en moyenne 100 000 euros au cours de sa vie.*
- *En échange de quoi, il n'obtient… absolument rien.*

***« Vous me connaissez, j'essaie tout au moins une fois. »***

Maintenant, pourrais-je vous inciter à l'essayer ?

> « Allen Carr fait tomber toutes les excuses derrière lesquelles on se réfugie pour continuer à fumer. C'est facile à lire et les résultats sont là. »
> *Nunya B., États-Unis*

Même les plus aventuriers, intrépides et stupides d'entre nous n'essaieraient pas la plus petite dose d'une drogue telle que Dévastation si nous pensions que cela nous rendrait dépendants.

Mais en supposant que vous ayez été conditionnée depuis la naissance et qu'on vous ait bourré le crâne en vous faisant croire que la drogue présentait d'indéniables avantages et que ses dangers n'affectaient que les gens devenus dépendants après plusieurs années, peut-être essayeriez-vous.

Maintenant, imaginez que vous êtes accro et que vous voyez tous les effets dévastateurs de cette drogue. Si vous découvrez alors une méthode capable de vous libérer sur-le-champ, facilement et de façon définitive, hésiteriez-vous à l'utiliser ?

Et si elle était efficace, vous laisseriez-vous prendre au piège à nouveau ?

Relisez la description de Dévastation et essayez de ne pas la relier au tabac.

***Si vous découvrez alors une méthode capable de vous libérer sur-le-champ, facilement et de façon définitive, hésiteriez-vous à l'utiliser ?***

Croyez-vous un seul instant que vous continueriez à avoir envie de fumer si les points suivants étaient vrais ?

- Vous avez conscience que le tabac ressemble à s'y méprendre à la drogue que je viens de décrire.
- Vous savez que le tabac ne vous détend pas, ne vous aide pas à vous concentrer, ne vous donne ni courage ni confiance en vous, qu'il ne vous soulage ni du stress ni de l'ennui, mais qu'il a l'effet exactement opposé.
- Vous savez que, pour échapper à tout cela, la seule chose à faire est de ne pas allumer une nouvelle cigarette.
- Chaque fois que vous avez pensé au tabac, vous vous êtes dit : « Eurêka ! Je suis débarrassée ! Je suis libre ! » et non : « J'adorerais une cigarette », ni « Quand serai-je libre ? »

**Quand vous verrez le tabac exactement tel qu'il est et que vous saurez qu'il n'y a absolument rien à quoi renoncer et seulement de merveilleux bienfaits à récolter, vous n'aurez plus ce sentiment de morosité et de sacrifice**

## Un calice empoisonné

Si toutes les fumeuses dressaient la liste des avantages et des inconvénients du tabac, ces derniers l'emporteraient largement. Alors pourquoi, lorsque notre esprit rationnel nous dit de ne pas fumer, nous continuons à le faire ? La réponse ? La dépendance, bien sûr !

Alors, pourquoi est-ce que je ne vous révèle pas dès à présent les mécanismes de la dépendance ? Parce qu'à ce stade, vous ne croirez pas à mon explication tant que je n'aurais pas levé vos derniers doutes. Pour y parvenir, je dois vous prouver le caractère fallacieux des prétendues vérités qu'on nous rabâche depuis l'enfance.

**Abracadabra**
Un bon prestidigitateur peut nous faire croire à ses pouvoirs magiques. Mais une fois qu'on nous a expliqué le truc, la magie disparaît. Le merveilleux secret, c'est qu'il n'y a pas de nectar dans le calice.

Mais nous devons d'abord évoquer une question plus urgente.

Si elle peut fonctionner pour n'importe quel fumeur, pourquoi n'est-elle pas efficace avec tous les fumeurs ?

***Dans toute l'histoire, personne n'a jamais reçu le moindre soutien ni aucun plaisir de la cigarette.***

# CHAPITRE 7

## *Pourquoi* La Méthode simple *n'est-elle pas efficace pour toutes les fumeuses ?*

Imaginez que vous êtes une adolescente vous promenant dans un grand jardin, que vous trouvez si beau que vous ne voulez pas le quitter. Au fil des ans, vous commencez à suspecter que les fruits du jardin, dont vous vous êtes nourrie, vous ont empoisonnée.

Vous n'êtes pas trop inquiète, même si les effets de l'empoisonnement sont visibles chez beaucoup d'autres personnes qui, comme vous, vivent dans le jardin.

Tous paraissent raisonnablement intelligents, tout comme vous. Parfois, l'un d'eux quitte les lieux, mais la vaste majorité choisit de revenir tôt ou tard.

Un jour, l'envie de partir vous gagne à votre tour. Vous découvrez que le jardin est un gigantesque labyrinthe, dont la seule sortie est aussi l'entrée.

Pour sortir, vous devez deviner la bonne direction à chaque intersection. Vous avez une chance sur un million de deviner juste.

Vous essayez, commettez une erreur et restez dans le labyrinthe. Vous essayez à nouveau.

Le problème majeur est que vous ne savez pas exactement où vous avez commis une erreur. Vous tournez en rond, ce qui ne vous mène nulle part, sans savoir si vos décisions sont justes ou fausses.

En fin de compte, vous décidez qu'il est inutile d'essayer.

*« Ce qui est drôle, c'est que la moitié du temps, je remarque à peine que je fume. »*

Cette analogie vous rappelle-t-elle le fumeur qui utilise la méthode de la « volonté » pour arrêter ? En fait, c'est très similaire.

À présent, supposez qu'il existe un plan du labyrinthe indiquant le chemin de la sortie. Vous penseriez sans doute : « Si je disposais de ce plan, je pourrais facilement m'échapper d'ici. »

Et si ce plan, bien qu'écrit par des experts dignes de confiance, donnait de mauvaises indications à chaque intersection ? Au lieu de vous aider à vous libérer, il ferait en sorte que vous restiez prisonnière.

## Que savez-vous sur le tabagisme ?

Les fumeurs, ainsi que les « experts » qui les conseillent, croient tout savoir sur la question. Mettons ces connaissances à l'épreuve. J'aimerais que vous répondiez au questionnaire suivant par « oui » ou par « non », selon l'opinion de la majorité des gens. Peu importe ce que vous pensez personnellement, faites-en abstraction.
Le questionnaire n'est pas difficile, et je ne suis pas là pour vous noter. Faites juste de votre mieux.

## Questionnaire

**1.** Les femmes fument-elles par choix ?

**2.** Les femmes fument-elles par habitude ?

**3.** Les fumeuses de longue date sont-elles plus accros que les adolescentes ?

**4.** Les fumeuses invétérées sont-elles plus dépendantes que les fumeuses occasionnelles ?

**5.** Les adolescentes commencent-elles à fumer pour se sentir adultes, cool ou rebelles ?

**6.** Les fumeuses sont-elles stupides ?

**7.** Les fumeuses apprécient-elles le goût de certaines cigarettes ?

**8.** Certaines cigarettes sont-elles meilleures que d'autres (à la fin d'un repas, par exemple) ?

**9.** Le tabac aide-t-il à surmonter l'ennui ?

**10.** Le tabac favorise-t-il la concentration ?

**11.** Le tabac aide-t-il à se détendre ?

**12.** Le tabac soulage-t-il votre stress ?

**13.** Les femmes aiment-elles fumer ?

**14.** Certaines femmes sont-elles particulièrement vulnérables à la dépendance ?

**15.** Le tabac vous aide-t-il à perdre du poids ?

**16.** Les chewing-gums à la nicotine, les patchs ou les sprays vous aident-ils à vous arrêter ?

**17.** Faut-il de la volonté pour arrêter ?

**18.** Est-il nécessaire de souffrir des symptômes de manque ?

**19.** Les anciennes fumeuses doivent-elles nécessairement traverser une période de manque et d'irritabilité ?

**20.** Est-il difficile d'arrêter ?

Vous réponses sont sans doute un mélange de « oui » et de « non ». Étonnamment, la réponse correcte à toutes ces questions est :

**NON**

Je revendique que *La Méthode simple* permettra à 100 % des fumeuses d'arrêter sur-le-champ, facilement et de façon définitive.

**Alors, pourquoi n'y a-t-il pas 100 % de réussite ?**

Parce que certaines fumeuses ont du mal à comprendre et à mettre en pratique les instructions. Même si vous ne prenez la mauvaise direction qu'une seule fois, vous resterez dans le labyrinthe.

Vous pouvez négliger une ou plusieurs de mes instructions sans que cela vous empêche d'arrêter, mais cela rendra sans doute l'arrêt moins facile et agréable et augmentera les chances que vous retombiez dans le piège.

*« Une autre cigarette ? Merci, une seule ne peut pas me faire de mal. »*

Avec *La Méthode simple*, vous ne pouvez pas échouer si vous suivez l'ensemble des instructions. Ne vous inquiétez pas, les instructions sont simples et vous n'en avez que très peu à suivre lors de la lecture de ce livre.

La première, et la plus délicate, est la suivante :

**GARDEZ L'ESPRIT OUVERT**

***« Il suffit que je me dise que j'ai envie d'arrêter pour avoir envie d'une cigarette. »***

Pas mal, vous dites-vous. Vous pensez sans doute : « Si c'est l'instruction la plus difficile, ça va être simple comme bonjour ! »

Si vous vous dites cela, attention ! Vous êtes peut-être déjà vouée à l'échec.

Ne sous-estimez pas la puissance du lavage de cerveau.

## Qui n'a pas l'esprit ouvert ?

Essayez de demander à vos amis s'ils ont l'esprit ouvert, et voyez si qui que ce soit vous répond non. Vous avez certainement remarqué à quel point personne n'est totalement objectif vis-à-vis de lui-même. N'est-il pas incroyable que vous et moi soyons les seuls à avoir l'esprit ouvert, à ne jamais tirer de conclusions hâtives et à ne jamais porter de jugement sans avoir tous les éléments en notre possession et entendu les différents points de vue ?

Certaines personnes pensent que *La Méthode simple* n'est qu'un simple exercice de pensée positive. C'est plus que cela. En dépit de nos efforts pour penser de façon positive, nous ne parvenons pas à « renoncer » au tabac parce que nous employons des méthodes fondées sur la « volonté ». Demandez-vous si vous devez avoir recours à la pensée positive pour vous abstenir de vous injecter de l'héroïne. N'est-il pas plus réaliste de dire que vous n'en avez simplement pas envie et que c'est définitif ?

La seconde instruction est :

**RESTEZ DE BONNE HUMEUR**

Rappelez-vous que vous êtes dans une position où vous avez beaucoup à gagner et absolument rien à perdre. Le pire qui puisse arriver est de ne pas réussir, et dans ce cas, vous vous retrouverez simplement à la case départ.

Considérez *La Méthode simple* comme un défi excitant, celui d'accomplir ce dont tous les fumeurs de la planète rêvent secrètement :

**Échapper à l'esclavage de la nicotine.**

*« J'ai beaucoup à gagner et absolument rien à perdre ? ! ! Je suppose que vous avez raison... »*

La troisième instruction est la suivante :

**N'ESSAYEZ PAS D'ARRÊTER NI DE RÉDUIRE VOTRE CONSOMMATION AVANT D'AVOIR FINI CE LIVRE**

Bien sûr, si vous avez déjà arrêté de fumer et que vous n'avez pas touché une cigarette depuis un jour ou deux, il vous suffit simplement de confirmer à la fin de ce livre que vous avez éteint votre dernière cigarette. Si vous utilisez des patchs à la nicotine, des chewing-gums ou des cigarettes électroniques, continuez jusqu'au rituel de la dernière cigarette, à la fin de ce livre. C'est le moment où vous vous débarrasserez de tout cela.

Et à présent, voici la quatrième instruction :

**SOYEZ PATIENTE : NE BRÛLEZ PAS LES ÉTAPES**

Lisez le livre dans l'ordre où il a été écrit. Résistez à la tentation de sauter un chapitre. Si vous le souhaitez, libre à vous de revenir en arrière pour relire certains passages pour vous rafraîchir la mémoire ou dissiper certains doutes. Lorsque vous relirez les instructions, demandez-vous : « Est-ce que je suis réellement ces instructions, ou est-ce que je me contente juste de les lire machinalement ? » La raison pour laquelle *La Méthode simple* n'est pas efficace pour toutes les fumeuses est simple :

**Elles ne suivent pas toutes les instructions.**

Lisez toutes les instructions et assurez-vous de bien les comprendre et de les suivre. Il n'en reste plus qu'une et elles ne sont ni très difficiles ni très compliquées. Et tout ce qu'il vous reste à faire pour éprouver un sentiment d'euphorie est de les suivre.

Ce n'est pas moi qui rends l'arrêt du tabac facile. La vérité, c'est qu'il est facile d'arrêter de fumer. Je ne fais que vous donner une série d'instructions pour que vous aussi trouviez cela facile.

***« Je peux continuer à fumer tout en lisant ce livre ? Vous êtes sérieux ? »***

Abordons maintenant la cinquième instruction :

**TENEZ UN JOURNAL DE BORD**

Tous les fumeurs – hommes comme femmes – sont enfermés dans la même prison. La clé pour en sortir consiste à se libérer du lavage de cerveau. L'objet de *La Méthode simple* est d'aider chaque fumeur à s'affranchir de ce bourrage de crâne.

> **La clé**
> Les fumeuses doivent comprendre qu'elles sont prises au piège avant de pouvoir en sortir.
> S'en libérer est facile une fois qu'on leur a donné la clé – autrement dit, lorsqu'elles se sont affranchies du lavage de cerveau.

Mais au même titre qu'il y a des différences entre les hommes et les femmes, chaque fumeur doit affronter son lavage de crâne individuel. Alors, marquez une pause et notez vos propres sentiments vis-à-vis du tabac : ce que vous pensez que cela vous apporte, la raison pour laquelle vous fumez et pourquoi vous souhaitez arrêter. Il s'agit de votre Déclaration personnelle.

**Conservez-la à portée de main.**

***Le piège de la nicotine a été considérablement exagéré et paraît à présent incroyablement complexe.***

À mesure que vous lisez ce livre et que vous vous affranchissez peu à peu du lavage de cerveau, ajoutez à votre Déclaration personnelle tous les points qui vous ont touchée de près, en notant chaque fois le numéro de page.

Le piège de la nicotine a été considérablement exagéré et paraît à présent incroyablement complexe. L'ensemble de la société, y compris les prétendus « experts », perpétue cette illusion et cette idée fausse, de façon plus ou moins involontaire.

### L'écran de fumée

Un bon prestidigitateur ne révélera jamais le secret de son tour. Pourquoi ? Parce que s'il le fait, le tour perd toute sa magie, l'illusion disparaît et vous restez là à vous demander comment vous avez bien pu vous laisser berner en premier lieu. Il en va exactement de même avec le piège de la nicotine. Une fois qu'il vous est révélé pour ce qu'il est, il devient très simple à comprendre et vous ne vous laisserez plus prendre. Autrement dit, vous perdrez le désir de fumer de façon définitive.

**Et nous les croyons.**

Avant de pouvoir vous demander de croire l'explication pure et simple du piège de la nicotine, je dois d'abord vous convaincre que vous avez été soumise à un lavage de cerveau dès l'enfance.

Si la réponse correcte à chaque question du questionnaire est « non », cela sous-entend que le tabac ne procure ni plaisir ni soutien. Cela implique également qu'il ne serait pas difficile, pour n'importe qui, d'arrêter de fumer.

Toutes les fumeuses sont conscientes que le tabac présente de nombreux inconvénients.

Si je pouvais vous démontrer de façon catégorique que le tabac n'apporte ni plaisir ni soutien mais que c'est en plus une des sources majeures de stress et d'ennui et qu'il vous empêche en réalité de vous détendre et de vous concentrer, je pense que vous verriez qu'arrêter de fumer serait non seulement facile, mais agréable.

***Le tabac est une des sources majeures de stress et d'ennui.***

# CHAPITRE 8

## *Le lavage de cerveau*

Pour garder l'esprit ouvert, au lieu de prouver que les « faits » acceptés par la société sont résolument erronés, je souhaiterais que vous les considériez comme assurément vrais.

**C'est une habitude**

Fumer ne devient une habitude que parce que les gens fument, et non l'inverse. De toute façon, nous nous créons des habitudes et rompons avec elles chaque jour de notre vie. Il est facile de s'en défaire. Nous ne fumons pas par habitude.

**On fume par plaisir**

La raison pour laquelle la plupart des fumeuses se souviennent de leur première cigarette est qu'elle avait mauvais goût, les avait fait tousser et leur avait donné la nausée. Il n'y avait aucun plaisir.

Les jeunes souffrent de l'illusion que les gens ont plaisir à fumer, et cela masque leur aversion naturelle à l'horrible goût du tabac. En croyant à cette illusion, ils sont pris au piège.

Peut-être pensez-vous que le tabac est simplement un plaisir que l'on acquiert avec le temps. Mais pourquoi diable se donner la peine d'acquérir un tel plaisir ? Vous rappelez-vous les efforts fournis pour devenir fumeuse ? Quand vous avez commencé, vous avez presque dû vous forcer à le faire.

### Fumer est un choix

Vous rappelez-vous le moment précis où vous avez choisi de devenir une fumeuse régulière ? Quand exactement avez-vous décidé de fumer chaque jour et de devenir anxieuse, tendue et nerveuse quand vous n'aviez pas vos cigarettes avec vous ?

*« Eh bien, si je n'avais pas choisi de fumer, qu'est-ce qui m'aurait poussée à commencer ? »*

Nous ne choisissons pas plus de devenir fumeur que nous ne choisissons de parler notre langue natale. Le tabac fait partie de la culture dans laquelle nous avons grandi. Quand avez-vous exactement décidé que vous alliez fumer, jour après jour, sans jamais plus pouvoir arrêter ?

Si nous avions le choix, pourquoi trouverions-nous qu'il est si difficile d'arrêter ? Pourquoi auriez-vous besoin de lire ce livre ? Nous ne fumons pas par choix, mais parce que nous ne sommes pas capables d'exercer notre pouvoir de décision.

Personne ne choisit de devenir fumeur. Hélas, la plupart d'entre nous y succombent à un moment ou à un autre et, tristement, la plupart d'entre nous deviennent dépendants.

Nous sommes prisonniers d'un piège dont nous ne pouvons nous libérer.

Mais il n'y a ni barreau ni geôlier. Une fois que vous aurez découvert la clé qui vous permettra de vous évader, vous apprécierez votre libre arbitre et pourrez l'exercer sur-le-champ et de façon définitive.

**Plus vous fumez longtemps, plus il est difficile d'arrêter.**

*« Je mourrais si je ne fumais pas ma cigarette juste après mon cours de Pilates ! »*

Les faits ne viennent pas corroborer cette affirmation : ce sont en fait les fumeuses de longue date qui arrêtent, et non les nouvelles fumeuses ou les fumeuses occasionnelles.

Qui est la plus dépendante ? Celle qui croit qu'elle fume par choix ou celle qui pense être prise au piège ?

Tant que vous n'aurez pas compris que vous êtes tombée dans un piège, vous n'éprouverez aucun désir de vous en échapper. Et si vous n'avez aucun désir d'arrêter, vos chances de le faire sont pratiquement nulles.

*« Tant que vous n'aurez pas compris que vous êtes tombée dans un piège, vous n'éprouverez aucun désir de vous en échapper. »*

**Certaines cigarettes sont particulièrement agréables.**

Comment deux cigarettes tout à fait identiques, venant du même paquet, peuvent-elles avoir un goût différent simplement en fonction des occasions ? C'est uniquement le lavage de cerveau qui vous fait croire que certaines cigarettes ont un meilleur goût que d'autres.

**Les cigarettes aident les fumeuses à vivre au jour le jour.**

Personne n'a besoin de fumer pour affronter les aléas de la vie avant de tomber dans le piège. Seules les fumeuses ne parviennent pas à se concentrer, à apprécier un repas ou à répondre au téléphone sans cigarette.

Comment une cigarette peut-elle vous soulager du stress et de l'ennui, tout en vous aidant à vous concentrer et à vous détendre ? L'ennui est le contraire de la concentration, tout comme le stress est à l'opposé de la détente.

## Derrière les contradictions

Pourquoi acceptons-nous ces contradictions évidentes ? Et pourquoi le faisons-nous alors que nous sommes pleinement conscients que notre « amie » la cigarette est incroyablement onéreuse et comporte d'horribles effets indésirables ?

Seuls les parents les plus stupides de la Terre ne découragent pas leurs enfants de fumer, et les autres le feront avec d'autant plus de véhémence qu'ils sont eux-mêmes fumeurs. Et pourtant, ces mêmes parents passeront des heures à vous dire tout le plaisir et le soutien que leur apporte la cigarette.

C'est parce que tous les fumeurs sentent qu'ils fument en réalité parce qu'ils sont tombés dans un piège, et non par choix.

### Tirez sur votre cigarette et voyez ce que vous ressentez

Si vous croyez que les cigarettes ont un goût merveilleux et que fumer est agréable, faites un test. Allumez-en une maintenant. Inhalez profondément six fois et demandez-vous ce que vous appréciez exactement. Concentrez-vous sur chacun des aspects de la cigarette dans votre main, ensuite dans votre bouche, puis tandis que vous inhalez la fumée.

Si au moment où vous décidez de vous arrêter vous croyez encore que vous avez plaisir à fumer, vous allez continuer de le croire. Une fois que vous serez consciente que vous ne tirez aucun plaisir du tabac, vous saurez alors que cela ne vous manquera pas pour le reste de votre vie.

***Le plaisir disparaîtrait si vous étiez consciente de l'effet du tabac sur vous.***

L'illusion de plaisir disparaîtrait si, chaque fois que vous fumez, vous aviez conscience :

- d'inhaler des fumées nocives, qui pénètrent dans vos poumons
- que ce sera peut-être cette cigarette qui sera à l'origine d'un cancer
- que cela va vous coûter une petite fortune à l'échelle de votre vie

Mais en vérité, nous fumons une grande majorité de cigarettes sans même être conscients de leur goût, ni de l'effet qu'elles ont sur nous. Cela explique qu'il y ait deux poids, deux mesures.

Tout au long de sa vie, une femme aura recours à des excuses qu'elle trouvera pertinentes à certains stades de sa vie pour continuer à fumer, et chaque fois, ses amies fumeuses seront là pour la conforter dans ses prétextes.

**LORS D'UNE RUPTURE SENTIMENTALE, LES CIGARETTES FONT OFFICE DE CONSOLATION.**

**QUAND LE STRESS ET LES TENSIONS DE LA VIE SE MANIFESTENT, LES CIGARETTES SEMBLENT APPORTER UN INSTANT DE RÉPIT.**

**LORSQUE LE CORPS EST CONFRONTÉ AUX CHANGEMENTS NATURELS DE LA VIE, LES FEMMES JURENT QUE LE TABAC LES AIDE À RÉTABLIR LEUR ÉQUILIBRE HORMONAL.**

Ce sont encore et toujours des excuses, qui ne sont qu'une façon de se masquer la vérité. Après tout, quelle femme a envie de se lever devant ses amies et de déclarer qu'elle se sent très mal et qu'elle est parvenue à la conclusion suivante :

**QUELLE IDIOTE JE SUIS ! IL FAUT ABSOLUMENT QUE J'ARRÊTE !**

**Vous sentez-vous plus réceptive ?**

Je n'ai toujours pas prouvé, à ce stade, que le tabac ne procure ni plaisir ni soutien. Mais espérons que vous aurez gardé l'esprit ouvert et que vous conviendrez que les prétendus faits que la société nous a rabâchés sur le tabac ne tiennent pas debout.

Ces « faits » riment avec confusion, contradiction et cliché. Un rapide examen suffit à le révéler. Il est temps à présent que nous révélions la vérité sur la dépendance à la nicotine.

La fumeuse qui est à court d'excuses se trouve face à une perspective effrayante : la peur de « renoncer » au tabac et d'une vie sans cigarette. Alors, elle fait des compromis : « Je vais arrêter, mais pas aujourd'hui. »

Elle ne semble pas prendre conscience que :

**Le moment idéal ne se présentera jamais.**

C'est un des aspects les plus insidieux du piège de la nicotine, et de toutes les autres drogues : lorsqu'il vous tient à sa merci, c'est pour la vie.

« C'est incroyable !
Je suis non-fumeuse !
Je recommande le livre d'Allen Carr à tous ceux qui veulent se libérer de cette addiction dégoûtante et nocive. »
*Jamie L., Finlande*

# CHAPITRE 9

## *La dépendance à la nicotine*

La nicotine est issue du tabac, qui appartient à la même famille que la belladone. C'est un poison puissant, généralement commercialisé sous forme d'insecticide.

Les scientifiques qui la manipulent dans les laboratoires portent des combinaisons étanches, très semblables à celles qui sont employées pour la manipulation des déchets nucléaires.

**Si vous vous injectiez le contenu d'une seule cigarette en intraveineuse, votre mort serait assurée.**

(Je vous prie de bien vouloir me croire sur parole, et de ne tenter l'expérience sous aucun prétexte.)

La nicotine est de loin la drogue la plus puissante de la planète. Il fut un temps où plus de 80 % de la population masculine occidentale était dépendante à la nicotine. Sa puissance réside dans la vitesse à laquelle elle entre dans le corps. Heureusement, elle s'évacue de votre organisme incroyablement vite, et de façon presque imperceptible... et ironiquement, c'est là que réside son point faible.

**5 000 000** – C'est le nombre de gens qui meurent chaque année à cause de leur dépendance à la nicotine. C'est l'équivalent de dix mille jumbo-jets qui s'écrasent tous les ans – ce qui correspondrait à presque trente catastrophes aériennes par jour. Vous serez peut-être étonnée d'apprendre que ce chiffre augmente chaque année. L'Organisation Mondiale de la Santé estime qu'en 2020 le nombre de morts sera de plus de dix millions par an.

Chaque fois que vous tirez sur votre cigarette, vous apportez à votre organisme une petite dose de nicotine, qui agit plus rapidement qu'une dose d'héroïne injectée en intraveineuse.

Si vous fumez votre cigarette en vingt bouffées, avec une seule cigarette vous obtenez vingt doses de nicotine.

0 minute – dès que vous éteignez la cigarette, la nicotine commence à s'éliminer rapidement de votre organisme et vous ressentez les premiers symptômes de manque.

30 minutes – à peine une demi-heure après avoir éteint votre cigarette, le niveau de nicotine présent dans votre organisme diminue de moitié.

1 heure – en moins d'une heure, les trois quarts de la nicotine ont été éliminés de votre organisme.

Les symptômes physiques du manque de nicotine sont si faibles qu'ils sont presque imperceptibles.

Immédiatement après avoir rallumé une cigarette, la nicotine afflue à nouveau et le sentiment de vide et d'insécurité disparaît. Cela crée la sensation que les fumeuses décrivent comme agréable, satisfaisante ou relaxante. En fait, ce n'est rien de plus qu'une impression de soulagement, un peu comme si elles ôtaient des chaussures trop petites. C'est en réalité une fausse sensation de soulagement. Après tout, qui porterait des chaussures trop petites pour le seul « soulagement » ressenti en les ôtant.

J'ai surnommé ce sentiment de vide et d'insécurité provoqué par le manque le « petit monstre ». Car même s'il s'agit d'une sensation physique de malaise, elle est presque imperceptible.

*« Mon univers a tourné autour de la cigarette pendant bien trop longtemps. »*

La plupart des fumeuses vivent toute leur vie sans même se rendre compte que le « petit monstre » existe – pas plus que la seule raison pour laquelle elles allument une cigarette après l'autre est de combler son appétit insatiable.

Avant Copernic, tout le monde sur la planète croyait que le Soleil tournait autour de la Terre. Maintenant nous savons que c'était une illusion nourrie par une idée fausse.

Aujourd'hui encore, nous considérons que le Soleil de lève à l'est et se couche à l'ouest, ce qui est plus facile pour nous à visualiser que le fait que la Terre tourne autour de son axe. Mais cela ne nous empêche pas de savoir où se trouve la vérité.

***J'ai surnommé ce sentiment de vide et d'insécurité le « petit monstre ».***

> « Je voudrais vous remercier de m'avoir sauvé la vie ! Cela fait deux ans que je n'ai pas touché à la moindre cigarette et plus jamais je ne fumerai. »
> *Luisa, Mexique*

Le piège de la nicotine n'est pas si simple à percer à jour, pour plusieurs raisons :

1. Le « petit monstre » n'est qu'une simple sensation, et même si vous pouvez en constater les effets, celle-ci est en soi invisible.
2. La sensation est presque imperceptible.
3. Rien ne distingue la sensation d'une vague faim ou d'un sentiment d'insécurité.
4. Cela fonctionne aussi à l'envers. C'est lorsque nous ne fumons pas que le « petit monstre » commence à nous asticoter.

## L'effet inversé

Cet effet inversé est la clé de toutes les toxicomanies. Quelqu'un qui n'a jamais été accro à l'héroïne serait horrifié de voir un toxicomane s'injecter sa dose. Il est parfaitement évident pour le témoin extérieur que le toxicomane ne cherche pas à obtenir d'extraordinaires hallucinations mais à soulager ses horribles souffrances liées au manque.

Même si c'est la première dose qui nous rend accros, le processus est en général si insidieux et progressif que nous pouvons mettre des années avant de prendre conscience que nous sommes dépendants.

Nous ne sommes confrontés à la réalité qu'au moment où nous essayons d'arrêter : nous découvrons alors que cela nous est impossible. Même à ce moment-là, nous commençons à chercher des excuses, et « Je n'ai pas choisi le bon moment » fait figure de favori.

Le phénomène de la dépendance est comparable au vieillissement :

**Le processus**

Une cigarette type contient environ 9 mg de nicotine, mais 90 % se consume. Le fumeur en consomme donc moins d'1 mg. La nicotine s'amalgame au goudron lorsqu'elle part en fumée, qui tapisse le tissu pulmonaire et le détruit lentement.

## Une image de l'euphorie

J'adorerais pouvoir vous montrer une photo de la façon dont vous vous sentirez, tant sur le plan physique qu'émotionnel, trois semaines après avoir éteint votre dernière cigarette. Vous devez vous demander : « Vais-je réellement me sentir aussi bien ? » Hélas, je ne peux me projeter dans votre avenir, mais vous le pouvez. Tout ce que vous avez à faire est de garder l'esprit ouvert, de suivre les instructions et de faire appel à votre imagination.

À cause de notre dépendance à la nicotine, nous oublions que nous étions capables d'apprécier les sorties, de nous concentrer et de supporter le stress avant de devenir accros. Même lorsque notre état léthargique devient évident, nous mettons cela sur le dos du vieillissement plutôt que de l'attribuer au « petit monstre ».

il se produit de façon si progressive que nous ne remarquons rien. Mais observez une photo de vous prise dix ans plus tôt, le changement est frappant.

Un des aspects les plus ingénieux du piège de la nicotine est la façon sournoise avec laquelle il utilise nos propres mécanismes de défense contre nous-mêmes.

La Nature a doté toutes les créatures de deux ingénieux systèmes d'autoprotection : l'odorat et le goût. Si quelque chose sent mauvais, c'est du poison. Si vous n'en êtes pas sûre, goûtez-en un morceau. Si cela a mauvais goût, c'est du poison. Le système est si ingénieux que, quand un bon aliment commence à se putréfier, il prend un goût et une odeur repoussants.

***Si quelque chose sent mauvais, c'est du poison. Si cela a mauvais goût, c'est du poison.***

C'est pour cette raison que nos premières cigarettes ont un goût aussi horrible. Notre corps nous dit : « Tu m'empoisonnes ! Je n'en veux pas ! » Les plus chanceux, pour une raison ou une autre, tiennent compte de cet avertissement et ne fument jamais plus.

Si nous ne tenons pas compte de ces avertissements, la Nature nous offre une seconde chance en nous faisant tousser, en nous donnant des nausées et des vertiges. Beaucoup d'entre nous tiennent compte de ces avertissements et cessent de fumer à tout jamais, mais d'autres sont déterminés à continuer malgré tout.

*« J'essaierai d'arrêter dès que je me serai débarrassée de cette horrible toux. »*

Si nous continuons à fumer régulièrement, la Nature suppose que c'est parce que nous n'avons pas le choix, et non que nous le faisons par pure stupidité. Et étonnamment, elle a raison.

Elle déclenche alors un mécanisme de survie qui est un véritable miracle en soi. Mais tandis qu'il nous protège, il renforce dans le même temps le piège de la nicotine. Je veux parler de notre système immunitaire.

Beaucoup de gens considèrent la toux et la nausée comme des maladies. Bien au contraire, ce sont d'ingénieux mécanismes de survie dont la Nature nous a dotés pour expulser les poisons de nos poumons et des autres organes de notre corps.

# CHAPITRE 10

## *Le danger de l'immunité*

Notre système immunitaire est de loin la force de guérison la plus efficace dont dispose l'humanité – ainsi que toutes les espèces.

Non seulement il combat la maladie, mais il est si perfectionné que si vous empoisonnez votre corps régulièrement, il créera une immunité partielle au poison.

Lorsque nous nous accoutumons à fumer, nous développons des défenses contre le mauvais goût du tabac et ses effets toxiques. Pour le cas où vous penseriez : « C'est formidable ! Mon système immunitaire va me protéger contre le cancer du poumon, l'emphysème, l'artériosclérose et toute autre maladie mortelle », gardez à l'esprit que non seulement vous devenez immunisée aux effets de la drogue – seulement de façon partielle – mais également à la drogue elle-même.

Par conséquent, vous commencez automatiquement à en consommer davantage. Les fumeurs y parviennent en général en augmentant le nombre de cigarettes au fil des ans et/ou en tirant davantage sur leurs cigarettes et/ou en conservant chaque bouffée dans leurs poumons un peu plus longtemps.

***Lorsque nous nous accoutumons à fumer, nous développons des défenses contre le mauvais goût du tabac et ses effets toxiques.***

Raspoutine a réussi à survivre à une dose d'arsenic vingt fois supérieure à ce qui aurait tué un sujet ordinaire. En prenant de petites doses sur une longue période, il s'est peu à peu immunisé contre le poison.

Lorsque nous éteignons notre toute première cigarette, la nicotine commence aussitôt à s'éliminer de notre organisme et nous ressentons les effets du manque. À ce stade, le sentiment de vide et d'insécurité est si imperceptible que nous n'en avons même pas conscience. Nous ressentons seulement un léger malaise.

Si nous allumons une autre cigarette, nous ingérons une nouvelle dose de nicotine et le sentiment de vide et d'insécurité disparaît.

**Nous nous sentons tels que nous étions avant d'avoir allumé notre première cigarette.**

*« Je fume pour me sentir comme une non-fumeuse ? Cela mérite réflexion. »*

Réfléchissez-y un instant. C'est un concept stupéfiant. Cela veut dire que les gens continuent à fumer uniquement pour se sentir tels qu'ils étaient avant d'avoir allumé leur première cigarette. Le plaisir ou le soutien dont parlent les fumeurs ne serait donc rien de plus que

**LA SENSATION D'ÊTRE NON-FUMEUR**

### Plaisir *vs* dépendance

J'adore le homard et je peux pourtant passer des années sans en manger sans que cela me dérange le moins du monde. Je ne ressens ni insécurité ni panique. C'est ainsi que je peux faire la différence entre le véritable plaisir et la dépendance toxicomane. Le tabac crée une réaction en chaîne. Chaque cigarette crée le besoin de la suivante.

Le sentiment de soutien ou de plaisir est bien réel, mais c'est une illusion de croire que la cigarette assure ces fonctions. C'est au contraire la cigarette qui est à l'origine de la sensation de malaise.

Les cigarettes vous aident autant à vous détendre qu'une paire de chaussures trop petites. Au moins, lorsque vous ôtez des chaussures trop petites, le soulagement ressenti est permanent – dans la mesure où vous ne les remettez pas.

***Les cigarettes vous aident autant à vous détendre qu'une paire de chaussures trop petites.***

Lorsque vous fumez une cigarette, vous créez en réalité une nouvelle sensation de malaise en apportant davantage de nicotine à votre organisme.

En fait, fumer cette seconde cigarette nous procure la même sensation qu'avant la première et cela s'explique par le rôle que joue notre système immunitaire.

À mesure que notre corps s'immunise contre la nicotine, nous avons de plus en plus de mal à retrouver notre état antérieur. Nous souffrons d'une sorte de gueule de bois permanente, un état de mal-être que nous croyons normal.

***« J'ai la gueule de bois ! Après quelques cigarettes, je me sentirai en pleine forme ! »***

Comme toutes les autres formes de toxicomanie, nous avons tendance à augmenter les doses, ce qui a pour effet de perpétuer le processus.

## Le piège à mouches

Devenir accro est comme être lentement pris au piège par une plante carnivore. Lorsqu'elle se pose sur la plante pour la première fois et qu'elle commence à goûter à son nectar, la mouche ne pense pas au danger. Elle continue de se nourrir, de s'insinuer plus profondément dans la plante. Mais lorsqu'elle décide qu'elle veut partir, elle est déjà coincée et ne tarde pas à prendre conscience que la plante est en train de la dévorer, et non l'inverse. Pour la fumeuse, ce moment de prise de conscience est ce que j'appelle « le point critique ». Il est la raison pour laquelle vous lisez ce livre.

*« Les mains servent à ça, non ? Quoi d'autre ? »*

Observez la fumeuse qui est restée pendant un laps de temps inhabituel sans pouvoir allumer une cigarette. Elle commence à être agitée et nerveuse, joue avec son briquet ou tripote son paquet.

Elle finit par porter ses mains à sa bouche et sa mâchoire se raidit.

C'est ce qu'elle ressent lorsqu'elle dit « ne pas quoi savoir faire de ses mains ». C'est un problème que n'a pas la non-fumeuse.

Atteindre ce « point critique » revient à être déchirée en deux. Tandis qu'une partie de votre cerveau vous pousse à fumer toujours plus, l'autre veut que vous fumiez de moins en moins. Vous vous retrouvez alors dans la position enviable de celle qui s'interdit de fumer de façon excessive tout en fumant beaucoup trop. À partir de là, vous n'aurez même plus l'illusion d'être une fumeuse heureuse de l'être.

Au début des séances de thérapie collective, il arrive souvent l'instant où, alors que personne n'a allumé de cigarette depuis un moment, personne ne veut être celui qui sera la premier à le faire. Les patients commencent alors à s'agiter et à porter les mains à leur bouche. Je m'interromps et fais remarquer leur état de nervosité. J'agis ainsi pour deux raisons principales :

1. Pour les confronter à la vérité – ce n'est pas le tabac qui les détend, mais au contraire l'absence de tabac qui les rend nerveux.
2. Non seulement ils montrent des signes d'agitation, mais ils sont désormais incapables de se concentrer.

C'est d'ailleurs une des raisons pour lesquelles je souhaite que vous continuiez à fumer pendant la lecture de ce livre. Je ne veux pas que vous soyez nerveuse et agitée. Je souhaite que vous soyez détendue pour pouvoir assimiler les vérités que je vous expose.

**Serais-je en train d'admettre que le tabac vous aide à vous détendre et à vous concentrer ?**

**Bien au contraire. J'apporte la preuve que le tabac empêche la détente et la concentration.**

« Je pense au tabac,
mais c'est seulement parce que
je suis fière d'avoir arrêté. Je n'en
reviens toujours pas ! »
*Joanne H., Royaume-Uni*

# CHAPITRE 11

## *Le « grand monstre »*

**La bonne nouvelle, c'est que vous n'êtes jamais gravement dépendante à la drogue en tant que telle. Le « petit monstre » fait simplement partie de l'illusion générale. Le catalyseur qui engendre le véritable problème est ce que nous appelons le « grand monstre ».**

Le « grand monstre » est le lavage de cerveau. C'est la croyance à toutes les illusions sur la relaxation, la concentration, la capacité à apprécier les relations sociales, etc.

La seule raison pour laquelle les fumeuses échouent avec *La Méthode simple*, c'est parce qu'elles ne suivent pas toutes les instructions. Le plus souvent parce qu'elles suivent le conseil d'un médecin ou d'un prétendu « expert ».

**Voir enfin le bout du tunnel !**

On m'a accusé d'être arrogant. Les accusations ne me dérangent pas beaucoup. Il est très compréhensible que je donne cette impression. Le fait que je persiste à déclarer que j'ai raison et que tous les prétendus experts ont tort est né de la frustration. Ce n'est que maintenant, plus d'un quart de siècle après avoir lancé *La Méthode simple*, qu'un nombre croissant d'experts commencent à convenir que c'est l'état psychologique de la personne dépendante qui pose problème et non la substance en soi.

Les effets des symptômes du manque sont un sentiment de vide et d'insécurité comparable à une démangeaison.

**La seule raison pour laquelle une fumeuse continue à fumer est de gratter cette « démangeaison ».**

Ce n'est pas parce que le tabac lui apporte du plaisir...

Ni parce que cela la détend...

Cela n'améliore pas la qualité de ses repas...

Ni ne la soulage de son stress...

Pas plus que cela ne l'aide à se concentrer.

Ce n'est pas moi qui ai découvert que, lorsque la nicotine s'élimine de l'organisme, les fumeurs éprouvent un sentiment d'insécurité qui n'est soulagé que lorsqu'ils allument une autre cigarette.
Ce phénomène était déjà connu des médecins et des industriels du tabac depuis des années et n'était considéré que comme un des obstacles majeurs à l'arrêt du tabac.
Ma grande découverte a été de prendre conscience que l'envie de gratter la « démangeaison » était la seule raison pour laquelle les gens continuaient de fumer.

Il est rapidement devenu évident qu'avant de convaincre n'importe quel fumeur que ce que je prétendais était vrai, je devais m'attaquer au « grand monstre ». Je devais éradiquer le lavage de cerveau et les illusions et leur montrer que ce à quoi ils croyaient n'était pas vrai.

Personne ne mettrait délibérément les mains dans de l'eau bouillante pour le seul plaisir de les retirer ensuite. Mais c'est pourtant ce que font les fumeurs.

Une fois qu'ils en prennent conscience et qu'ils le comprennent, ils arrêtent aussitôt de fumer et le font avec bonheur.

L'état d'esprit auquel nous aspirons n'est pas : « Je ne dois plus jamais fumer une seule cigarette. » C'est l'attitude que quelqu'un qui n'a jamais été accro à l'héroïne aurait vis-à-vis d'une personne toxicomane.

« Ayez pitié de ce pauvre idiot. Dieu merci, je suis libre ! »

*« Personne ne me dicte ma conduite. J'ai mes cigarettes pour cela ! »*

Pour arriver à acquérir cet état d'esprit de façon permanente, vous devez d'abord éradiquer le lavage de cerveau auquel vous avez été soumise et voir le tabac pour ce qu'il est réellement : rien de plus ni de moins qu'une dépendance à l'épouvantable Dévastation.

# CHAPITRE 12

## *Quel est votre parfum préféré ?*

Lorsqu'il s'agit de prendre soin de son apparence, les femmes ont toujours battu les hommes à plates coutures ! Pour les femmes, ce n'est rien de moins qu'une forme d'art. Vêtements, coiffure, maquillage et parfum – tout cela prend du temps, de la réflexion et nécessite un certain investissement financier. Mais tous ces efforts peuvent être réduits à néant par une haleine aux relents de cendrier et par des vêtements qui sentent le tabac froid.

C'est une des raisons pour lesquelles toutes les fumeuses commencent à se mépriser, même si beaucoup d'entre elles ne peuvent l'admettre et qu'aucune ne comprend pourquoi elle continue à fumer.

On pourrait penser que cette raison est simplement la stupidité, mais il s'avère que c'est la peur. Et c'est une nouvelle démonstration de l'incroyable pouvoir de la dépendance à la nicotine.

*« C'est mon tout nouveau parfum. Essence de cendrier ! »*

## Prise sur le fait

Peut-être avez-vous déjà essayé de vous tenir devant un miroir, vous exerçant à fumer avec élégance. Mais lorsque l'objectif d'une caméra se braque sur vous, posez-vous ou tentez-vous de fumer de façon sexy ? Jamais de la vie ! Vous cherchez plutôt à éteindre votre cigarette au plus vite, prise de panique.

Tandis que beaucoup de femmes sont poussées à fumer par les stars « glamour » qu'elles voient au cinéma ou à la télévision, la nicotine a en vérité un effet dévastateur sur votre apparence physique. Et elle agit de l'intérieur.

Je ne parle pas des poumons encrassés par la nicotine. Je parle du rétrécissement progressif des vaisseaux sanguins provoqué par la nicotine.

Si vous aviez la certitude que votre prochaine cigarette allait être l'élément déclenchant d'un cancer du poumon, la fumeriez-vous ?

***« Je voulais être plus glamour, mais la cigarette m'a donné une mine affreuse et m'a fait me sentir très mal. »***

Vous pensez peut-être que j'ai ici recours à la méthode des médecins, tentant de vous faire peur pour vous pousser à arrêter. Absolument pas. Cette tactique ne m'a pas aidé, et si elle pouvait vous être du moindre secours, vous seriez déjà libérée.

Sous l'effet du tabac, l'oxygène et les substances nutritives qui alimentent les organes, les muscles et les os sont peu à peu remplacés par du monoxyde de carbone et divers autres poisons.

Vous commencez à vous faner, ou vous remarquez des taches de vieillesse sur votre peau, ou vous avez l'impression d'avoir de petits points noirs devant les yeux quand vous vous levez trop brusquement, ou peut-être souffrez-vous de varices importantes. Nous n'osons même pas penser à ces petites rides que nous appréhendons tant et que nous appelons « rides d'expression ».

Nous ne voulons pas attribuer nos changements physiques au tabac et préférons mettre notre nouvelle apparence sur le compte d'une pigmentation naturelle, de notre vie trépidante ou de l'âge.

Le processus d'encrassement atteint également notre système immunitaire. Il mène une bataille permanente contre les

Notre système immunitaire est un peu comme une banque, ses ressources ne sont pas illimitées. Si vous puisez indéfiniment dans ses réserves, vous ne tarderez pas à découvrir à vos dépens qu'il n'y a pas de possibilité de découvert.

Avez-vous entendu parler de ces fumeurs que leur médecin informe qu'ils sont atteints de la gangrène et qu'ils courent le risque de perdre leurs orteils s'ils ne cessent pas de fumer ? Et malgré tout, ils n'arrêtent pas. On leur ampute les orteils, ou les pieds ou même une partie de la jambe. Pensez-vous qu'ils choisissent de se faire amputer de la jambe au lieu d'arrêter de fumer en raison du plaisir extraordinaire ou du grand soutien que leur apporte le tabac ?

maladies bénignes et graves, y compris le cancer. En cas de défaillance, il ne peut remplir son rôle et doit définir des priorités.

Avez-vous déjà entendu une non-fumeuse s'extasier sur l'odeur de ses cheveux ou de sa peau et dire à quel point elle se sent bien ?

Vous connaissez sûrement des fumeuses qui ont réussi à arrêter sans l'aide de *La Méthode simple* et certaines d'entre elles ont peut-être même trouvé cela assez facile. Mais sont-elles aussi enthousiastes que Debbie et ceux qui arrêtent de fumer avec *La Méthode simple* ?

Vous avez peut-être remarqué qu'elles racontent avoir « renoncé » à la cigarette. Elles croient réellement avoir fait un véritable sacrifice.

Avec *La Méthode simple*, il n'est jamais question de « renoncer », mais plutôt d'arrêter, et plus précisément de libération !

> « Une fois
> arrivée à la fin du livre,
> j'étais littéralement malade à l'idée
> d'allumer une cigarette... J'en ai bien fini
> avec le tabac, et rien ne pourrait me rendre
> plus heureuse. »
> *Lora, États-Unis*

Hélas, les histoires de fumeurs prêts à mourir plutôt que de « renoncer » à la cigarette renforcent deux préjugés déjà bien ancrés :

**1.** Le tabac apporte beaucoup de plaisir et/ou de soutien.

**2.** La dépendance à la nicotine exerce une emprise inébranlable sur ses victimes.

La conclusion qui s'impose naturellement est donc la suivante :

« Si un fumeur qui risque l'amputation ne parvient pas à arrêter, comment Allen Carr veut-il que je croie que tout le monde peut arrêter facilement et sans souffrir des symptômes de manque ? »

**Ne vous inquiétez pas : Je n'ai que de bonnes nouvelles pour vous !**

# CHAPITRE 13

## *La faim*

En raison du lavage de cerveau, la faim est un phénomène plus sensible chez les femmes que chez les hommes. Depuis des décennies, les femmes sont les cibles des publicitaires, vantant le corps « idéal » et la « silhouette de rêve ».

Une grande partie de l'alimentation est envisagée sous son aspect « pratique ». L'essentiel de la nourriture que nous consommons est appétissante, remplit nos estomacs et a bon goût. Mais elle est également bourrée d'additifs, de sucre et de sel.

C'est une alimentation qui ne remplit pas totalement son rôle. Le processus de fabrication qu'elle subit détruit sa valeur énergétique et une partie des nutriments dont nous avons besoin.

Cette nourriture trop peu nutritive laisse notre corps en manque, en proie à une faim perpétuelle. Et en réaction,

***« Ça ne te dérange pas si j'en prends une ? Je n'ai pas eu le temps de prendre mon petit déjeuner, ça devrait compenser. »***

Vous croyez peut-être que la seule nourriture qui est bonne pour vous a un goût de carton-pâte. En fait, les aliments qui vous sont bénéfiques sont ceux qui ont le meilleur goût. (Si vous avez du mal à le croire, lisez *La Méthode simple pour perdre du poids* ou *La Méthode simple pour perdre du poids tout de suite*.

nous mangeons encore plus d'aliments industriels, qui se transforment aussitôt en graisses.

Certaines femmes passent l'essentiel de leur vie à faire des régimes pour garder la ligne ou être en meilleure santé. La plupart des régimes privent le corps des nutriments qui lui sont essentiels. Ils provoquent donc une sensation de faim. Et, inévitablement, cela les pousse à manger.

Nous avons tendance à considérer la faim comme un terrible fléau. Il n'en est rien. C'est seulement un nouveau procédé ingénieux de la Nature pour assurer notre survie, que nous le voulions ou non. C'est le signal qui indique aux animaux sauvages qu'il est temps de manger.

Les humains ne sont en rien différents.

« Une amie m'a offert ce livre pour me faire une blague. Je n'avais pas l'intention d'arrêter de fumer. Je l'ai lu en deux nuits et je n'ai pas fumé depuis. »
***Mary, Irlande***

*Même lorsque nous sommes conscients d'avoir faim, nous ne ressentons aucune souffrance physique.*

Si vous mangez des repas nutritifs à des heures régulières, vous n'aurez pas faim jusqu'à l'heure de votre repas suivant.

Même lorsque nous sommes conscients d'avoir faim et que nous ne sommes pas en mesure de satisfaire notre faim, nous ne ressentons aucune douleur physique. C'est juste un sentiment d'insécurité, que nous interprétons ainsi : « J'ai envie de manger. »

Si cette sensation n'est pas satisfaite, elle se transforme rapidement en : « Il faut que je mange. » Si la nourriture est rare ou impossible à obtenir, la peur et la panique entrent dans

**Quand la nicotine passe avant tout**

L'irrésistible envie de nicotine ne se distingue en rien de la sensation de faim mais elle a un effet plus puissant. En moyenne, nous ne devons satisfaire notre faim que trois fois par jour, tandis que notre envie de nicotine se manifeste bien plus fréquemment. Celle qui fume en moyenne vingt cigarettes par jour éprouvera cette envie environ 7 120 fois par an. Et à l'évidence, nous cherchons à nous débarrasser de ce qui nous gêne le plus. L'envie de nicotine passe donc avant tout le reste.

l'équation, et la sensation devient : « Si je n'arrive pas à obtenir bientôt de la nourriture, je vais mourir. »

*Pour quelqu'un qui fume vingt cigarettes par jour, huit heures sans nicotine équivaut à ne pas manger pendant presque trois jours pour un non-fumeur.*

Cette peur de la mort provoquée par une faim extrême est aussi réelle que puissante.

Le petit déjeuner est le repas préféré de la plupart des non-fumeuses, tout simplement parce que plus longtemps vous jeûnez, plus vous avez plaisir à manger. Une fois qu'elles ont assouvi leur faim et apporté à leur corps tous les nutriments dont il a besoin, elles ne ressentent plus ce sentiment d'insécurité et sont prêtes à affronter leur journée.

Pour beaucoup de fumeuses, la première cigarette de la journée est celle qu'elles apprécient le plus. Pourquoi ?

*« Dès que j'ai faim, je prends naturellement une cigarette. »*

**Parce qu'elles viennent de passer huit heures sans fumer.**

Même si l'horrible sensation causée par la faim ne se distingue en rien des symptômes de manque de nicotine, la satisfaction de l'une n'entraînera pas la satisfaction de l'autre.

Les non-fumeuses sont totalement détendues une fois qu'elles ont assouvi leur faim. Les fumeuses ressentent toujours une sensation de vide et d'insécurité. C'est pourquoi la cigarette à la fin du repas est si importante pour les fumeuses. On ne peut pas dire que la cigarette améliore le goût du repas pour les fumeuses, mais elles ne peuvent l'apprécier tant qu'elles n'auront pas nourri le « petit monstre ».

Cela crée une confusion dans l'esprit des fumeuses. Elles se réveillent avec un sentiment de vide et d'insécurité et leur premier instinct est d'allumer une cigarette, même si elles trouvent par ailleurs désagréable de fumer au réveil.

Étant donné que l'envie de nicotine ne peut être satisfaite en fumant une cigarette, cela veut dire qu'une fumeuse a faim en permanence.

Et la situation ne fait que s'aggraver lorsqu'elle essaie d'arrêter avec la méthode de la « volonté ». Lorsqu'elle ressent une authentique sensation de faim après avoir « renoncé », elle interprète la sensation de vide et d'insécurité comme l'envie d'une cigarette.

« J'ai arrêté de fumer avec une incroyable facilité. Le petit monstre est mort. Je n'ai ressenti aucune envie de fumer. Je suis contente d'être enfin complètement libre. Mon mari songe maintenant à vous lire ! »
*Claire D., Royaume-Uni*

*Votre réserve de volonté finit par s'épuiser et vous trouvez une excuse pour allumer une cigarette.*

Comme elle ne peut plus soulager partiellement cette sensation de manque en fumant, sa tendance naturelle est d'inverser le processus en mangeant du chocolat, des bonbons ou en mâchant un chewing-gum.

Ces substituts ne comblent pas – même partiellement – le « petit monstre ». En revanche, ils vous gâtent les dents, vous coupent l'appétit, vous font prendre du poids et vous laisseront avec un sentiment de malaise et de frustration.

Vous aurez l'impression – sans comprendre pourquoi – que le seul moyen de combler ce vide est d'allumer une cigarette. Vous ne céderez pas à la tentation, et votre sentiment de privation ne fera que s'amplifier.

Quand le piège de la nicotine n'aura plus de secret pour vous, vous ne vous demanderez pas pourquoi des gens au caractère déterminé ne parviennent pas à « renoncer » par

Même les fumeuses qui parviennent à survivre quelques jours sans nicotine par leur seule « volonté » ne sont jamais sûres d'être libres. Elles interprèteront une authentique sensation de faim comme une envie de fumer, et ce pendant des semaines, des mois, voire des années.

leur seule volonté, mais plutôt comment qui que ce soit a pu y parvenir avec cette méthode.

En réalité, seul un petit pourcentage de gens y parviennent.

Vous vous demandez peut-être quel est le laps de temps nécessaire pour tuer le « petit monstre », et quand vous saurez à coup sûr qu'il est bien mort. Ces questions sont sans importance.

*« Vous voulez que je me prive de nicotine ? Mais comment voulez-vous que je m'en sorte ? ! »*

**Le « petit monstre » est condamné dès l'instant où vous le privez de nicotine.**

Gardez à l'esprit que les fumeurs éprouvent cette sensation pendant toute leur vie de fumeur et qu'elle est si imperceptible qu'ils n'en ont même pas conscience.

C'est seulement le manque de compréhension qui entraîne la confusion et la frustration. Une fois que vous aurez pris conscience que cette sensation est créée par la cigarette précédente et que la seule chose qui vous empêchera d'en être libérée est de fumer une autre cigarette, votre sensation de malaise sera remplacée par une joie intense.

« Ma mère m'a dit : "Aucun livre ne peut t'aider à arrêter de fumer." Eh bien, elle avait tort ! »
*Misty B., États-Unis*

C'est sa ressemblance avec la faim qui rend la dépendance à la nicotine si puissante.

Un examen plus poussé révèle que cette similitude est en fait une illusion subtile. En réalité, les deux pratiques sont diamétralement opposées.

**La nourriture apporte santé, énergie, bonheur et prolonge la vie.**

Le tabac ruine la santé, entraîne une sensation de malaise, la léthargie et réduit notre durée de vie.

**La nourriture a bon goût, elle assouvit notre faim et nous procure une expérience réellement agréable.**

L'inhalation de fumées cancérogènes au goût infect est une expérience franchement désagréable.

**Manger ne suscite pas la faim, cela l'apaise.**

Loin de satisfaire le « petit monstre », notre première cigarette est ce qui lui donne naissance. Et chaque cigarette suivante entretient son appétit. La seule façon de le satisfaire est d'arrêter de le nourrir !

**Vous détendre avec une cigarette ?**

Gardez à l'esprit que vous fumez uniquement dans le but d'approcher l'état de décontraction que les non-fumeuses ressentent en permanence. L'immunité vous empêche d'atteindre cet état de détente, même pendant quelques minutes – le soulagement des symptômes de manque reste partiel.

Un bon repas dans un chouette restaurant est un rituel très agréable. Pourtant, son but principal consiste à satisfaire la faim à un moment précis de la journée, et vous ressentiriez une sensation désagréable si vous n'étiez pas en mesure de satisfaire cette faim.

*« Je prendrai seulement une entrée, puis je sortirai quelques minutes pour fumer mon plat de résistance. »*

Beaucoup de fumeuses disent apprécier le rituel de la cigarette – les briquets en or, les emballages brillants. Mais tout le rituel n'a qu'un seul objectif : essayer de satisfaire le « petit monstre ».

- C'est pourquoi nous devons allumer une cigarette.
- C'est pourquoi nous la portons à notre bouche.
- C'est pourquoi nous inhalons cette saleté.

**Uniquement pour obtenir notre dose de nicotine.**

Le phénomène du tabac à priser vous aidera à voir la consommation de cigarettes sous son véritable jour. Vous savez sans doute que le tabac à priser est simplement du tabac réduit en poudre et qu'il représentait la forme de dépendance à la nicotine la plus répandue avant la production industrielle des cigarettes. Il est aujourd'hui difficile à croire qu'il était considéré comme un passe-temps très propice aux relations sociales.

Si vous espériez être tirée d'affaire en passant au tabac à rouler, aux petits cigares ou même à la pipe, vous pouvez oublier ces options ! Ce ne sont que de nouveaux moyens d'absorber de la nicotine, ni plus, ni moins. De même, les cigarettes électroniques vous permettent de vous procurer votre dose de nicotine. Mais personne ne sait encore à quel point elles sont nocives. Inhaler des vapeurs de nicotine a peu de chances d'améliorer votre santé.

Les adeptes du tabac à priser transportaient leur drogue dans de petites boîtes en argent – un emballage élégant qui masque une habitude répugnante. Comme les cocaïnomanes, ils sniffaient la poudre, obtenant ainsi les effets de la drogue.

**Toutes les femmes qui continuent à fumer ne le font que dans un seul but : mettre un terme au sentiment de vide et d'insécurité engendré par la précédente cigarette.**

*Commencez à considérer le « petit monstre » comme un véritable monstre qui vit en vous.*

Commencez à considérer le « petit monstre » comme un véritable monstre qui vit en vous et se nourrit de nicotine. À mesure qu'il grandit, il crée un sentiment de malaise que vous ressentez à tout instant. Vous l'avez créé en allumant votre première cigarette et vous n'avez cessé de l'alimenter depuis lors.

Une fois que vous serez débarrassée du lavage de cerveau, vous le ferez mourir de faim.

*« Vous voulez dire que je ne ressentirai pas les symptômes de manque ? »*

Précisons quelques points importants concernant la dépendance à la nicotine. Même si elle est une des drogues les plus puissantes de la planète, ce n'est qu'en raison de la rapidité à laquelle elle prend ses victimes au piège. La vérité est bien plus réjouissante :

**La dépendance à la nicotine n'est jamais grave.**

Soyons clairs, c'est l'illusion qui nous rend accros, et non la nicotine proprement dite.

Débarrassez votre esprit du lavage de cerveau et il vous sera facile de rompre avec la dépendance.

Vous avez très certainement entendu dire que chaque cigarette réduit votre espérance de vie de cinq minutes et qu'il faut dix ans pour que les effets du tabac disparaissent de votre organisme.

*C'est l'illusion qui nous rend accros, et non la nicotine proprement dite.*

Ces chiffres sont exacts, mais seulement si vous continuez à fumer ou si vous avez déjà contracté une maladie en phase terminale.

En partant du principe que vous n'avez pas déjà arrêté de fumer, vous pouvez récupérer 99 % de ces minutes perdues et espérer retrouver une excellente santé – presque comme si vous n'aviez jamais fumé.

Nous devons dépasser les idées négatives que les fumeuses entretiennent parfois à l'égard des non-fumeuses. Lorsque vous fumez, vous essayez de vous convaincre que vous « aimez fumer ». Vous vous demandez peut-être si vous pourrez un jour vous dire « J'apprécie de NE PAS fumer. » Je peux vous assurer que c'est possible. Je l'apprécie pleinement chaque jour.

Mettez-vous juste en tête que vous arrêtez simplement de fumer :

**Vous n'avez pas à arrêter de vivre.**

J'aimerais que vous arrêtiez de fumer, non pas parce que fumer est une habitude répugnante qui ruine votre santé comme votre compte en banque, qu'elle vous prive de votre liberté, ni parce qu'elle inquiète votre famille. Je veux que vous arrêtiez pour une raison purement égoïste :

**Vous profiterez tellement plus de la vie en tant que non-fumeuse.**

Les symptômes physiques de l'état de manque sont presque imperceptibles et ils n'empirent pas lorsque vous éteignez votre dernière cigarette. C'est l'illusion qui vous met à la torture.

Par chance, nous pouvons vous débarrasser du lavage de cerveau avant d'éteindre votre dernière cigarette. Lorsque vous serez prête à le faire – si vous avez suivi toutes les instructions – vous serez déjà une non-fumeuse épanouie.

# CHAPITRE 14

## *Les fumeuses occasionnelles heureuses*

Les grandes fumeuses trouvent presque impossible à croire qu'une fumeuse occasionnelle puisse être heureuse. Si vous êtes vous-même une fumeuse occasionnelle, vous n'êtes sans doute pas satisfaite de votre état. Sinon, vous ne seriez pas en train de lire ce livre.

Toutes les fumeuses sont forcées de mentir aux autres, comme à elles-mêmes. Et comme ce sont par ailleurs d'honnêtes citoyennes et que nous les respectons, nous sommes portés à les croire.

Les fumeuses occasionnelles prétendent pouvoir arrêter quand elles le souhaitent. Mais si elles apprécient réellement le goût de la cigarette après un repas ou lorsqu'elles répondent au téléphone, pourquoi voudraient-elles s'en passer pendant plusieurs jours, ou même une semaine entière ?

Tout le monde sait que le tabac est la première cause de mortalité dans le monde occidental. Si les fumeuses occasionnelles pouvaient vraiment se passer du tabac, il faudrait qu'elles soient idiotes pour continuer. À moins, bien sûr, qu'elles ne soient dépendantes.

Pourquoi les grandes fumeuses devraient-elles envier les fumeuses occasionnelles ? Quand j'étais un fanatique de golf et que je jouais trois fois par semaine, je n'enviais pas le pauvre bougre qui ne pouvait jouer qu'une fois par semaine.

Quand les fumeuses occasionnelles se vantent de pouvoir arrêter de fumer quand elles le souhaitent, elles essaient en fait de vous convaincre, ainsi qu'elles-mêmes, qu'elles n'ont aucun problème de dépendance. En réalité, en agissant ainsi, c'est l'opposé qu'elles admettent.

***Les fumeuses occasionnelles essaient de se convaincre qu'elles n'ont aucun problème.***

Si elles n'avaient aucun problème, elles n'auraient pas besoin de faire ce genre de déclaration.

Tous ceux qui consomment de l'héroïne, même peu fréquemment, ne sont pas des « usagers » mais des toxicomanes. Il en va exactement de même pour les fumeurs. N'oubliez

**Le meilleur des deux mondes**

Si vous avez déjà essayé de réduire votre consommation, vous vous souvenez sans doute du sentiment d'autosatisfaction que vous avez éprouvé les premiers jours. Vous aviez atteint le nirvana de tout grand fumeur : une consommation si basse que vous n'aviez plus à vous inquiéter pour vos dépenses ni à avoir peur de contracter une horrible maladie. En même temps, vous n'aviez pas complètement « renoncé ». Vous pensiez avoir le meilleur des deux mondes. Mais combien de temps cela a-t-il duré ?

pas que nous sommes en train de parler de Dévastation. Personne ne consommerait cette drogue s'il pouvait réellement s'en passer.

Mary était une jeune mère de famille qui fumait quarante cigarettes par jour et essayait d'arrêter en réduisant sa consommation. Un après-midi, elle a écrasé son paquet de cigarettes de dégoût et l'a jeté à la poubelle. Une heure plus tard, elle fouillait parmi les épluchures de pommes de terre pour essayer de trouver une cigarette.

Le lendemain, elle a éprouvé la même répulsion pour le tabac. Étant une femme intelligente, elle n'allait pas commettre deux fois la même erreur, elle a donc couvert ses cigarettes de moutarde avant de les jeter à la poubelle. Une heure plus tard, elle grattait les épluchures de pommes de terre et la moutarde de ses cigarettes.

**La plupart des fumeuses ont vécu une expérience similaire au cours de leur vie, et malgré tout, certaines d'entre elles prétendent encore qu'elles fument pour le goût merveilleux des cigarettes.**

Mary a ensuite décidé de diminuer sa consommation de tabac en fumant une cigarette de moins chaque jour. Au bout de

*Une heure plus tard, elle grattait les épluchures de pommes de terre et la moutarde de ses cigarettes.*

six semaines, elle était réduite à une seule cigarette par jour. Mais elle n'a pu se résoudre à supprimer la dernière cigarette.

Toute la journée, Mary agitait la cigarette sous son nez, comme une carotte, tout en sachant qu'elle finirait par la fumer juste avant que ses enfants ne rentrent de l'école.

Après l'avoir désirée toute la journée, vous pouvez imaginer à quel point elle devait apprécier cette cigarette et combien elle a dû souffrir pour obtenir ce plaisir illusoire.

En dehors de ces quelques minutes pendant lesquelles elle fumait cette cigarette, elle passait toutes ces journées en proie au manque et à la privation, obsédée par son besoin de fumer.

La cigarette avait exactement le même mauvais goût qu'avant. Son plaisir était seulement lié à la suppression temporaire de son calvaire – que cette seule cigarette entretenait jour après jour.

Si vous aviez demandé à Mary comment elle se sentait, elle aurait probablement répondu : « Je me sens en pleine forme ! Je n'ai plus besoin que d'une seule cigarette par jour ! »

***« J'en ai eu envie toute la journée, mais j'apprécie vraiment cette cigarette ! »***

Envier une fumeuse occasionnelle revient à envier une personne qui est perpétuellement au régime, avec l'inconvénient supplémentaire que son régime n'est pas composé d'aliments mais de poison !

Et vous l'auriez sans doute enviée.

Le seul plaisir procuré par le tabac, c'est de mettre fin à l'état de manque. Le manque de nicotine est comparable à la faim : plus vous en souffrez, plus le soulagement vous semble merveilleux.

Mary ne s'affranchissait pas de sa dépendance, bien au contraire, elle enracinait dans son esprit l'idée que la seule chose précieuse sur Terre était une cigarette.

Si vous avez essayé de réduire votre consommation d'une façon ou d'une autre, vous savez que cette approche n'est efficace qu'à court terme.

Si jamais une fumeuse est parvenue à « renoncer » par un sevrage progressif, je lui tire mon chapeau ! Elle doit avoir une volonté de fer. Et en même temps, je la plains de s'être infligé un tel supplice.

Les petits mensonges des fumeuses nous portent à croire qu'il est possible de réduire sa consommation. Ils créent l'illusion qu'on peut être une fumeuse occasionnelle heureuse de l'être.

***Les petits mensonges des fumeuses nous portent à croire qu'il est possible de réduire sa consommation.***

Sur les milliers de cigarettes que vous avez fumées, combien vous ont laissé un souvenir marquant ? Combien de fois avez-vous inhalé profondément en pensant : « C'est une merveilleuse expérience » ?

Vous rappelez-vous avoir pensé une seule fois : « Je suis si contente de m'être mise à fumer. Quelle chance d'être fumeuse » ? Ou vous êtes-vous laissé entraîner, comme tous

### Une logique vertigineuse

Toutes les fumeuses ont du mal à expliquer le plaisir qu'elles ont à fumer. Certaines adolescentes vous diront : « Ça me donne le vertige ! » Demandez-leur si elles sont réellement prêtes à dépenser une fortune et à risquer de contracter de graves maladies juste pour avoir le vertige, alors qu'elles peuvent obtenir exactement le même effet en fermant les yeux et en tournant en rond. Sans surprise, elles se sentiront un peu bêtes.

les autres fumeurs, vous masquant la réalité par la vague promesse que vous alliez « renoncer » un jour, quand ce serait le bon moment ?

C'est dans la nature humaine d'avoir tendance à oublier les mauvais moments et à se souvenir des bons avec tendresse.

*« Ma cigarette préférée ? Mais la prochaine, bien sûr ! »*

Pourtant, lorsque nous passons en revue notre vie de fumeur, seuls les mauvais moments nous reviennent en mémoire.

C'est pourquoi la plupart d'entre nous se souviennent de leurs premières cigarettes – parce qu'elles avaient un goût infect.

Nous avons tous le souvenir d'avoir cherché un tabac ouvert toute la nuit, pris de panique à l'idée d'être à court de cigarettes.

Et, soyez honnête, la plupart d'entre nous ont fumé des mégots récupérés dans un cendrier lorsque nous nous sommes retrouvés à sec – et parfois ce n'étaient même pas les nôtres !

La plupart d'entre nous pensent que la cigarette fumée à la fin du repas est particulièrement agréable, mais une seule d'entre elles vous a-t-elle laissé un souvenir impérissable ?

En revanche, vous n'avez pas oublié les repas gâchés parce que vous n'aviez pas la possibilité de fumer à table.

Si vous pensez que l'importance de votre consommation ne s'explique que par la force de l'habitude, il est donc logique de supposer qu'il est possible d'inverser le processus.

***Pourquoi tant de fumeuses qui ont réussi à arrêter grâce à la « volonté » ont-elles encore envie d'une cigarette ?***

Autrement dit, si vous parvenez à réduire peu à peu votre consommation, vous vous habituerez à réduire votre nombre de cigarettes journalier et vous n'éprouverez bientôt plus l'envie de fumer davantage.

Et en continuant à appliquer cette méthode, vous aurez bientôt l'habitude de ne plus fumer du tout, ni même d'en avoir envie. C'est si simple et évident. Alors, pourquoi est-ce que cela ne marche pas ?

Pourquoi tant de fumeuses qui ont réussi à arrêter grâce à la « volonté » ont-elles encore envie d'une cigarette ? Et pourquoi sont-elles si nombreuses à retomber dans le piège ?

**PARCE QUE FUMER N'EST PAS UNE HABITUDE C'EST UNE ADDICTION À LA NICOTINE**

Une fois que vous avez compris la véritable nature du piège, vous verrez clairement que les tentatives destinées à réduire votre consommation enracinent dans votre esprit l'idée que vous ne pouvez pas profiter de la vie ou gérer le stress sans une cigarette.

Représentez-vous le « petit monstre » comme une démangeaison presque imperceptible. Dès que vous vous grattez, vous êtes soulagée, mais ce soulagement n'est que temporaire et plus vous vous grattez, plus vous accentuez le problème.

De même, la réaction instinctive au « petit monstre » est d'allumer une cigarette. Et vous savez que le soulagement est éphémère et que la solution ne fait qu'aggraver le problème.

### Une satisfaction impossible

Dans leurs publicités, les industriels du tabac avaient jadis l'habitude de proclamer que leurs cigarettes nous apporteraient « satisfaction ». Inutile d'être un génie pour déduire qu'il n'est pas possible de satisfaire un besoin s'il n'est précédé d'une période d'insatisfaction. Par exemple, nous satisfaisons un désir sexuel, la faim ou la soif. La seule contrariété que la cigarette semble satisfaire est l'envie de nicotine, mais le soulagement n'est que de courte durée puisque c'est la nicotine qui est à l'origine de cette envie – dont les non-fumeurs ne souffrent pas.

À mesure que nous nous immunisons au soulagement, la « démangeaison » devient permanente et notre tendance naturelle à la « gratter » de manière incessante s'installe : autrement dit, nous nous mettons à fumer cigarette sur cigarette.

Alors, pourquoi ne nous mettons-nous pas tous, très vite, à fumer comme des pompiers ?

Parce que nous devons avoir des poumons très résistants pour pouvoir fumer ainsi, croyez-moi. De nombreuses fumeuses ne supportent pas de fumer plus de cinq à dix cigarettes par jour. Cela est également très onéreux et beaucoup ne peuvent se le permettre et sont donc forcées de lutter quotidiennement contre leur dépendance à la nicotine.

Ainsi, toutes les femmes qui ne sont pas de grandes fumeuses souffrent de la frustration de ne pas pouvoir satisfaire leur envie aussi souvent qu'elles le voudraient. C'est le calvaire enduré par toutes les fumeuses occasionnelles.

Il existe de nombreuses raisons pour lesquelles de nombreuses femmes sont des fumeuses occasionnelles, mais toutes sont liées à un sentiment de culpabilité, de mépris de soi et elles font preuve d'une énorme autodiscipline. Le plus souvent, elles limitent leur consommation par souci de donner l'exemple à leurs enfants et leurs petits-enfants.

***Toutes les femmes qui ne sont pas de grandes fumeuses souffrent de la frustration de ne pas pouvoir satisfaire leur envie aussi souvent qu'elles le voudraient.***

Observez de plus près les fumeuses qui prétendent pouvoir s'arrêter quand elles le souhaitent. Remarquez à quel point elles sont agitées lorsqu'elles restent un laps de temps sans cigarette, et la facilité avec laquelle elles trouvent un prétexte pour en griller une en douce.

Voyez cette lutte acharnée pour ce qu'elle est vraiment :
- D'un côté, une « démangeaison » permanente qui s'accompagne du désir continuel de la gratter.
- D'un autre côté, de fortes raisons de souhaiter ne pas avoir besoin de se gratter.

Réduire sa consommation ou fumer de façon occasionnelle – ce qui revient au même – n'est pas viable, parce que gratter la « démangeaison » est le seul plaisir que peut procurer le tabac.

*« Je peux arrêter quand je veux, mais là, tout de suite, je meurs d'envie d'en griller une. »*

Plus vous vous grattez, plus vous devenez immunisée au soulagement, ce qui vous pousse à fumer cigarette sur cigarette. Mais plus vous fumez, plus vous détruisez votre santé et nuisez à vos finances, votre système nerveux, votre capacité de concentration et votre courage.

**La dépendance à la nicotine est un terrible piège : chaque fois qu'une partie de votre cerveau a envie de fumer davantage, l'autre partie vous pousse à réduire votre consommation.**

« Personne ne pensait que je parviendrais à arrêter. Après avoir lu *La Méthode simple*, j'ai arrêté sur-le-champ. Non seulement je me suis prouvé que j'en étais capable, mais je l'ai prouvé aussi aux autres et je me suis sentie tellement bien ! J'ai ensuite démissionné du boulot dans lequel je végétais depuis six ans et j'ai commencé une nouvelle carrière. Ma vie a littéralement changé. Je n'arrive pas à croire à quel point cela a été facile. »

*Tara M., Irlande*

Plus vous fumez, moins vous en avez envie. Moins vous fumez, plus vous en avez envie.

**Quoi qu'elles fassent, les fumeuses ne peuvent pas gagner.**

Lorsque vous réduisez votre consommation, vous vous astreignez à ne pas soulager la « démangeaison » immédiatement. De la même façon, plus longtemps vous portez des chaussures trop petites, plus vous ressentez une sensation de soulagement lorsque vous les ôtez. Ainsi, plus vous souffrez de la « démangeaison » pendant une longue durée, plus grande est l'illusion de plaisir quand vous vous autorisez enfin à la gratter.

***Moins vous fumez, plus vous en avez envie.***

Cet accroissement de l'illusion de plaisir a en réalité pour effet de réduire votre désir d'arrêter.

*« Je n'ai pensé à rien d'autre toute la journée. »*

C'est pourquoi les fumeuses occasionnelles sont plus accros que les grandes fumeuses.

Si vous vous êtes infligé le calvaire de la méthode de la « volonté » en essayant de « renoncer », il est difficile d'imaginer qu'arrêter puisse être immédiat, facile et agréable.

Fumer est un étrange passe-temps.
Lorsque nous avons la possibilité
de nous y livrer, nous ne comprenons
pas le plaisir que nous y trouvons
et regrettons de ne pouvoir nous
en passer. Ce n'est que lorsque
nous ne pouvons nous y adonner
qu'il nous semble agréable.

### La rechute

Êtes-vous déjà arrivée au stade où vous aviez « renoncé » pendant assez longtemps pour être certaine que vous étiez débarrassée et d'avoir envie d'inhaler deux ou trois bouffées, juste pour vous prouver que vous étiez guérie ? Si cela vous est arrivé, non seulement vous savez que cela a un goût infect mais qu'en plus cela ne vous apporte rien de bon. Quoi qu'il en soit, cela vous convainc que vous n'avez aucune chance de retomber dans le piège. Alors, environ une semaine plus tard, vous êtes sûre de pouvoir fumer juste une cigarette sans rechuter. Et vous retombez exactement dans le même piège que le jour de votre première cigarette.

Mais comment pourriez-vous ressentir le soulagement que vous éprouvez en retirant des chaussures trop petites si vous ne les portez pas ? Cette sensation de soulagement vous manquerait-elle ? Bien sûr que non !

Est-il si difficile de croire que s'il n'existait ni « petit monstre » ni « démangeaison » et que vous n'aviez pas besoin de vous astreindre à ne pas vous gratter pendant une semaine, vous n'éprouveriez ni besoin ni désir soulagement ?

Et que même si vous le faisiez, vous n'éprouveriez aucun soulagement ?

Nous essayons de parvenir à un état d'esprit dans lequel vous n'aurez pas plus besoin ni envie de fumer une seule cigarette que de vous injecter une dose d'héroïne.

### Il suffit d'une seule cigarette

Certains « experts » vous disent qu'il suffit de résister à une seule cigarette : la prochaine. Et le pire est qu'ils ont raison. Ce qu'ils ne vous disent pas en revanche, c'est que si vous considérez cette seule cigarette comme une sorte de soutien ou de plaisir, vous allez devoir passer le reste de votre vie à lui résister !

C'est pourquoi le sevrage est inefficace. Non seulement cela maintient le « petit monstre » en vie, mais cela renforce le pouvoir du « grand monstre ».

Réduire votre consommation implique que vous passiez votre vie avec la double contrainte de ressentir la « démangeaison » et de ne pas pouvoir la gratter quand vous en aurez envie. Une telle situation nécessite une volonté et une discipline permanentes.

Ce processus augmente intrinsèquement l'envie de fumer et réduit le désir d'arrêter. Même si vous aviez la volonté de supporter cette situation pour le reste de votre vie,

Lorsque vous vous mettez au régime, la nourriture perd-elle son attrait ? Non, évidemment. Votre vie tout entière tourne à l'obsession alimentaire. Après chaque repas, soit vous vous sentez coupable parce que vous n'avez pas suivi votre régime à la lettre, soit vous êtes affamée et insatisfaite parce que vous l'avez suivi.

voulez-vous réellement endurer ce calvaire ?

Il n'est pas judicieux de supposer que les fumeuses occasionnelles sont heureuses uniquement parce qu'elles vous disent qu'elles le sont ou parce qu'on leur a fait subir un lavage de cerveau pour leur faire croire que les fumeuses occasionnelles heureuses existent.

*« Faites ce que je dis, pas ce que je fais. »*

Beaucoup de gens vous diront combien ils aiment être fumeurs, mais essayez de trouver ne serait-ce qu'un parent censé qui encourage ses enfants à fumer. Et cela vaut aussi pour les parents qui sont des fumeurs occasionnels heureux de l'être.

Parlez-leur en privé, et vous ne tarderez pas à découvrir qu'ils préféreraient être non-fumeurs. Il est inutile de

Il est incroyable que la race humaine ait vécu pendant des centaines de milliers d'années en ayant échappé au fléau du cancer. En 1900, un citoyen britannique sur cinquante mourait du cancer. Aujourd'hui, c'est un sur quatre. Pourquoi rejetons-nous la responsabilité sur nos parents ou sur l'intelligence supérieure qui nous a créés ? Si vous étiez assez stupide pour déverser chaque jour de l'eau salée sur votre voiture, iriez-vous reprocher la rouille au constructeur ?

poser beaucoup de questions pour comprendre que les gens tentent simplement de déjouer leur peur.

La « démangeaison » de la fumeuse est un sentiment de vide, d'insécurité et un manque de courage et de confiance en soi.

Si vous étiez à nouveau tentée d'envier une fumeuse occasionnelle, rappelez-vous qu'elle a passé le plus clair de son existence à souffrir de ce sentiment de vide et d'insécurité.

***« Je suis descendue à cinq cigarettes par jour, mais je n'arrive pas à arrêter complètement. »***

Cela s'applique également à celles qui arrêtent et reprennent en permanence, à celles qui s'arrêtent

## Un manque de volonté ?

Dans le prochain chapitre, nous ferons voler en éclats le mythe selon lequel les fumeuses qui n'ont pas réussi à arrêter manquent de volonté. Plus particulièrement, nous démolirons le mythe de la raison pour laquelle il y a plus de femmes que d'hommes qui fument et de filles que de garçons qui deviennent accros : elles seraient en général plus faibles, moins intelligentes, davantage régies par les émotions que la logique et auraient moins de volonté que les hommes.

Selon les propos du Dr Tai Hing Lam (Université de Hong Kong) : « Beaucoup de fumeurs seniors pensent être trop âgés pour arrêter ou pour en tirer un quelconque avantage. » En vérité, on n'est jamais trop vieux pour arrêter, cela apportera toujours une amélioration à votre vie.

quand elles le veulent. Il est inutile d'être Miss Marple pour déduire que les fumeuses qui peuvent arrêter quand cela leur chante n'existent tout simplement pas.

Pour commencer, cette affirmation recèle une contradiction essentielle : si elles avaient réellement « renoncé », elles ne se seraient pas remises à fumer. Pas une fois, et encore moins plusieurs fois. Et pourquoi voudraient-elles « renoncer » d'ailleurs ?

Aucune fumeuse ne « renonce » à moins de ne pas apprécier le tabac. Et lorsqu'on a « renoncé », pourquoi diable recommencer ensuite ?

La réponse est évidente :

**Elles n'apprécient ni d'être fumeuses, ni d'être non-fumeuses.**

N'oubliez jamais que, même si toutes les fumeuses sont différentes, elles sont toutes accros à la même drogue. Dans ce cas, il n'existe pas un bon et un

**Mise en garde**
S'il vous plaît, n'enviez jamais les gens qui arrêtent pour reprendre ensuite. Parmi les autres fumeurs, ils vivent en fait dans la pire des situations.

*« Les gens qui arrêtent puis reprennent la cigarette ? J'arrête et je reprends au moins vingt fois par jour. »*

mauvais aspect des choses : le tabac est toxique pour tous les êtres vivants.

**C'EST UN POISON MORTEL**

Comme le dit l'adage populaire : « fumeur un jour, fumeur toujours ». En d'autres termes, même après de nombreuses années d'abstinence, une fumeuse ne se sentira jamais comme quelqu'un qui n'est jamais tombé dans le piège.

C'est vrai pour la grande majorité des anciennes fumeuses parce que la méthode de la « volonté » vous incite à croire que vous avez renoncé à un véritable soutien ou plaisir.

**Avec *La Méthode simple*, vous vous sentez encore mieux qu'une non-fumeuse.**

Beaucoup de non-fumeuses ont en fait l'impression qu'elles passent à côté de quelque chose. Après tout, elles aussi sont soumises au grand lavage de cerveau généralisé. Et personne ne serait tenté par l'expérience de la première cigarette s'il n'avait l'espoir d'y découvrir un soutien ou un plaisir.

Avec *La Méthode simple*, vous voyez l'arrêt du tabac tel qu'il est réellement. C'est s'éveiller après un effrayant cauchemar.

# CHAPITRE 15

## *La vérité sur la question de la volonté*

La plupart des gens – et pas seulement les fumeurs – pensent qu'il faut de la volonté pour arrêter de fumer.

Ce mythe est si profondément ancré que les directeurs de publicité des chaînes de télévision et de radio exigent que la diffusion des spots publicitaires vantant les mérites des substituts nicotiniques portent une mention indiquant que la volonté du fumeur joue un rôle important dans l'efficacité du produit.

Il n'est donc pas surprenant que les fumeuses qui ne parviennent pas à arrêter pensent manquer de volonté. Nous avons été soumis à un immense lavage de cerveau depuis notre naissance, nous poussant à croire que « renoncer » peut être très difficile, mais que nous pouvons y parvenir si nous avons assez de volonté.

Par conséquent, lorsqu'une fumeuse échoue maintes fois lorsqu'elle tente d'arrêter avec la méthode de la volonté, quelle autre explication trouve-t-elle, sinon qu'elle est une sorte de mollusque totalement dépourvue de volonté ?

***Il n'est pas surprenant que les fumeuses qui ne parviennent pas à arrêter pensent manquer de volonté.***

Mais comment cela peut-il s'appliquer à des femmes qui sont manifestement déterminées dans d'autres aspects de leur vie ?

**Parce que « renoncer » à fumer n'a rien à voir avec la volonté. C'est l'affrontement de deux forces qui s'opposent.**

Gardez simplement l'esprit ouvert et vous verrez que les faits feront voler les mythes en éclat.

### Flash-back

En repensant au temps où vous étiez encore à l'école, lorsque certains groupes de filles expérimentaient des choses nouvelles et d'autres non. Quelles filles entraînaient les autres ? Étaient-ce les filles timides et effacées ou celles au tempérament fort et dominant ? C'est en imitant des stars telles que Elle Macpherson, Joanna Lumley ou Kate Moss que tant d'adolescentes sont tombées dans le piège. Vous paraissent-elles dépourvues de volonté ?

Si les fumeuses s'abstiennent de fumer, c'est parce qu'elles sont conscientes que cela nuit à leur santé. Et le véritable défi consiste à supprimer les raisons qui les poussent à continuer à fumer.

Tandis que vous pouvez être influencée par la pression sociale, la publicité et autres lavages de cerveau vous incitant à tomber dans le piège et à y rester, personne ne peut vous forcer à fumer ou pas une cigarette.

### Prenez vos propres décisions

Tous les ans, la presse britannique déclare que le second mercredi du mois de mars est une « journée nationale sans tabac ». C'est le jour où tous les fumeurs sont censés décider de « renoncer ». Pourtant, tous les fumeurs vous diront que c'est le jour de l'année où ils résisteront le plus à la pression médiatique. Ils mettent un point d'honneur à fumer ostensiblement – deux fois plus qu'à leur habitude. Le lien entre le tabac et le cancer du poumon a été établi depuis presque un demi-siècle. Pense-t-on réellement qu'il est utile de dire aux fumeurs une fois par an que le tabac est mauvais pour la santé alors que c'est écrit noir sur blanc sur tous les paquets depuis des années ? Hélas, les prétendus « experts » ne comprennent pas la nature du piège de la nicotine – et ignorent encore plus comment y remédier.

Il est tout aussi évident que « renoncer », si nous n'avions aucune envie de fumer, serait simple comme bonjour. Mais nous avons subi un lavage de cerveau nous poussant à croire que fumer nous apporte plaisir et soutien.

***Nous raccrocher à l'illusion que nous aimons le rituel de la cigarette est un écran de fumée que nous créons pour justifier une habitude répugnante et antisociale.***

C'est comme une balance sur laquelle pèseraient d'un côté les effets néfastes du tabac sur notre santé et nos finance – les inconvénients. Et de l'autre, il y aurait la croyance que le tabac nous procure une sorte de soutien ou de plaisir – les atouts.

Les plateaux de la balance basculent tantôt d'un côté, tantôt de l'autre. Tandis que nous n'avons aucune intention d'arrêter, nous fermons notre esprit aux effets que le tabac a sur notre santé et nos finances, qui n'ont alors plus aucun poids. Pendant ces périodes, les atouts l'emportent sur les inconvénients.

Tôt ou tard, le « petit monstre » commence à nous démanger. Le poids des inconvénients prend le dessus et la balance penche de l'autre côté. Lorsque nous allumons une cigarette, notre désir est satisfait et les atouts l'emportent à nouveau.

Lorsque nous décidons de « renoncer », nous ouvrons notre esprit aux inconvénients du tabac et sommes plus sensibles à l'ensemble de ses effets négatifs. Ainsi, lorsque le « petit monstre » envoie un signal à notre cerveau : « Je veux une cigarette », la réponse est : « J'ai bien peur que ce ne soit pas possible. »

### Les avantages ne sont-ils pas en réalité les inconvénients ?

Non ! C'est un des aspects de la confusion que le piège de la nicotine fait naître dans notre esprit. La croyance que le tabac vous apporte une sorte de soutien ou de plaisir vous incite à continuer à fumer, c'est donc le véritable « inconvénient ». La destruction de votre santé et de vos finances sont les forces qui vous poussent à vouloir « renoncer », dans ce contexte, ce sont donc les « avantages ».

Et c'est là que le « grand monstre » entre en jeu. Une légère « démangeaison » ne pose guère de problème, dans la mesure où vous la grattez. Mais une démangeaison que vous ne pouvez gratter ? Cela peut vous rendre dingue !

Et pire encore, la démangeaison sera à portée de main et vous ne vous autoriserez pas à vous gratter !

Si vous avez une démangeaison qu'une partie de votre cerveau veut que vous grattiez, vous aurez besoin d'une volonté de fer pour y résister. Mais cela ne veut pas dire qu'une personne dotée d'une forte volonté y résistera plus longtemps qu'une personne qui en a peu.

***Une démangeaison que vous ne pouvez gratter ? Cela peut vous rendre dingue !***

Avant que le lien entre le tabac et le cancer du poumon ne soit établi, la plupart des fumeurs acceptaient allègrement de supporter la toux, l'asthme, la bronchite ou la léthargie, considérant que c'était un faible prix à payer en échange du plaisir et du soutien qu'ils en tiraient. Mais le risque de cancer a ajouté un poids considérable à ces « avantages ». Les gens qui ont arrêté pour cette raison sont-ils sensés et font-ils preuve de caractère ou ont-ils cédé à la panique et fait preuve de lâcheté ?

**Indépendamment de la puissance de leur volonté respective, les deux personnes sont tiraillées entre deux forces qui s'opposent.**

Les fumeurs qui n'ont pas réussi à arrêter ont en général tendance à avoir de l'autorité et un fort caractère.

Les cigarettes qui nous empêchent de « renoncer » ne sont pas celles que nous prétendons aimer le plus mais celles dont nous avons besoin et sans lesquelles nous ne pouvons survivre – par exemple, celles que nous allumons quand nous devons nous concentrer ou que nous sommes stressés.

***Les fumeurs qui n'ont pas réussi à arrêter ont en général tendance à avoir de l'autorité et un fort caractère.***

Les personnes qui ont de l'autorité et un fort caractère ont tendance à avoir davantage de responsabilités et le stress fait partie de leur vie. Les cigarettes occupent donc une place prépondérante dans leur mode de vie.

*« Il doit exister un meilleur moyen d'obtenir ma dose de nicotine. »*

Des millions de fumeurs ont délibérément changé de marque de cigarettes ou se sont convertis au tabac à rouler, aux cigares ou à la pipe dans l'espoir que cela les aiderait à « renoncer », à réduire leur consommation ou à économiser de l'argent.

Et la nouvelle marque ne tarde pas à devenir leur marque préférée, tandis que l'ancienne devient repoussante – encore une preuve que le goût ou le plaisir n'ont rien à voir avec le tabac.

**C'est uniquement la nicotine que nous cherchons dans le tabac.**

Si vous avez essayé les cigarettes à l'eucalyptus, vous savez que, même en persévérant, vous n'obtiendrez jamais la

La raison pour laquelle votre marque favorite semble avoir meilleur goût que les autres est que vous avez habitué vos poumons à s'immuniser de façon partielle à ce mélange particulier de poisons. Mais avez-vous remarqué que les fumeurs qui ne trouvent pas leur marque de cigarette se contenteraient d'un vieux bout de ficelle plutôt que de s'abstenir ?

Les cigarettes ne vous apportent absolument rien. Vous devez comprendre pourquoi et l'accepter. Ainsi, vous n'éprouverez aucun sentiment de privation. Et n'oubliez pas que la « cigarette occasionnelle » est un concept illusoire. Voyez-la pour ce qu'elle est réellement : une chose qui vous rend esclave à vie.

moindre illusion de plaisir en les fumant. Cela vous donne simplement l'impression d'inhaler des fumées nocives. La raison pour laquelle elles ne vous donneront jamais d'illusion de plaisir est qu'elles ne contiennent aucune trace de nicotine.

Pourquoi une cigarette identique à toutes les autres semble avoir un goût merveilleux après un repas, et mauvais goût si c'est la première que vous fumez après la soirée du nouvel an ?

Parce que ce n'est pas le fait de fumer la cigarette en soi qui est important mais le moment où vous grattez la « démangeaison ».

Après un repas, vous avez déjà satisfait deux situations de tension : la faim et la soif, vous vous sentez donc détendue. La cigarette fumée après le dîner a tendance à être plus agréable

***Il n'est pas étonnant qu'une cigarette fumée après un dîner lors d'une sortie ou chez des amis semble particulièrement agréable.***

que celle qui suit le petit déjeuner ou le déjeuner, parce que vous avez terminé votre journée de travail et que vous êtes totalement décontractée.

Lorsque quelqu'un d'autre fait la cuisine, vous vous sentez encore mieux. Il n'est donc pas étonnant qu'une cigarette fumée après un dîner lors d'une sortie ou chez des amis semble particulièrement agréable.

*Toute la question de la volonté est dénuée de sens.*

Ce n'est pas tant que les fumeuses apprécient la cigarette fumée après le repas ni qu'elle ait meilleur goût que le reste du temps. Ce qui compte, c'est qu'à moins d'être en mesure de gratter leur « démangeaison », elles ne peuvent absolument pas se détendre.

**C'est pourquoi la cigarette fumée après le repas ou avec un verre semble avoir meilleur goût. En réalité, toute la question de la volonté est dénuée de sens.**

Les fumeuses qui ont arrêté de fumer lorsqu'on a établi un lien entre le tabac et le cancer du poumon ont-elles fait preuve de discernement et de volonté ou de peur et de lâcheté ?

Cela ne fait aucune différence ; dans les deux cas, la peur a fait pencher la balance du bon côté.

Le problème, c'est qu'à l'instant où vous décidez de « renoncer », les inconvénients du tabac vous semblent aussitôt moindres. Vous ne risquez plus de contracter une horrible maladie et vous avez cessé de vous mépriser de jeter votre argent par les fenêtres et d'être esclave de la nicotine.

*« Arrêter ? Je ne sais pas si j'en suis capable. »*

Toutes vos bonnes raisons d'en finir avec la cigarette sont rapidement réduites à néant. Ce ne sont pas les faits qui changent, mais la perception que vous en avez.

Dans le même temps, le poids des inconvénients augmente, parce que, lorsque vous « renoncez », vous avez la conviction d'avoir consenti un réel sacrifice. Vous avez dû résister à l'envie de gratter votre « démangeaison » pendant quelques jours et vous ressentez une horrible sensation de privation – vous traversez un véritable calvaire.

Nous savons tous que les atouts l'emportent largement sur les inconvénients. Hélas, il suffit d'un instant de faiblesse, d'ébriété ou de d'inattention... et les « inconvénients » nous semblent l'emporter. Et nous allumons une cigarette !

Une seule cigarette, et vous voilà retombée dans le piège.

Arrêtez de considérer les fumeuses comme des mollusques et l'incapacité d'arrêter comme un manque de volonté. Voyez-la pour ce qu'elle est vraiment : un conflit entre deux forces opposées qui varient de façon continuelle.

Maintenant, voyez la situation telle qu'elle est réellement :

- Non seulement le tabac ne procure ni plaisir ni soutien mais de plus, il vous épuise nerveusement, détruit votre confiance en vous, votre courage et votre capacité à vous concentrer et à vous détendre.
- Loin de vous soulager du stress et de l'ennui, le tabac en est la source.

**Est-ce bien moi ?**

À l'évidence, fumer ne nous apporte aucun avantage physique et il ne nous apporte ni plaisir, ni soutien. Le sentiment de faiblesse, tant physique que mental, éprouvé par les fumeurs n'est qu'une conséquence du tabagisme.

Supposez que vous ne soyez en proie à aucun conflit et à aucune confusion et que vous puissiez éliminer le lavage de cerveau et voir le tabac tel qu'il est réellement – l'équivalent d'une Dévastation – vous n'auriez alors aucune envie d'allumer une cigarette. Si vous n'aviez ni besoin ni envie de fumer, aucune volonté ne vous serait nécessaire. Que vous ayez de la volonté ou non est donc sans incidence.

**La volonté est sans incidence.**

Un des effets désastreux de toutes les toxicomanies est d'ancrer dans l'esprit de leur victime qu'elles possèdent une faille intrinsèque physique ou mentale et qu'elle ne peut s'en sortir sans le pouvoir magique de la drogue.

« Je crois que je le mérite bien, non ? »

Certaines fumeuses sont tout à fait conscientes que la dépendance à la nicotine crée simplement une illusion de plaisir et/ou de soutien. Elles sont ravies et convaincues qu'elles ne se remettront jamais à fumer mais elles ont malgré tout le sentiment que quelque chose manque à leur vie.

**« C'est ma petite récompense. »**

Lorsque vous croyez réellement que la cigarette est une récompense, ceci est illusoire.

Si vous ne pouvez vous leurrer et croire que porter des chaussures trop petites résoudra le problème, comment pourriez-vous croire que le fléau qui fait le plus de victimes dans le monde occidental puisse régler le problème ?

Je dis aux anciennes fumeuses qui considèrent la cigarette comme une récompense : « Aucun problème, vous pouvez obtenir exactement le même effet en portant des chaussures trop petites. Chaque fois que vous aurez besoin d'une petite récompense, vous n'aurez qu'à les retirer pendant quelques instants. » Elles ne trouvent pas que ce soit une solution. En fait, elles pensent que je plaisante. Mais cela les aide malgré tout à voir les choses en face.

Si votre mode de vie est stressant et ennuyeux, la seule vraie solution est d'en changer.
Vous découvrirez sans doute, comme je l'ai fait, qu'arrêter de fumer est un remède au stress et à l'ennui.

Lorsque vous arrêtez de fumer, vous n'avez besoin de rien pour remplacer le tabac.

Vous aimiez la vie et parveniez à gérer votre stress avant de devenir accro – avant qu'on ne vous fasse croire que vous aviez besoin d'une béquille.

Il est possible que vous vous sentiez véritablement fragilisée et anxieuse en ce moment, même si vous êtes une fumeuse occasionnelle. Il est important lorsqu'on arrête de fumer de comprendre que ces sentiments de faiblesse et d'insécurité sont bien réels.

Et il est encore plus important de prendre conscience que ces sentiments sont engendrés par le tabac – et que si vous suivez toutes les instructions, le courage et la confiance en vous dont vous avez oublié l'existence reviendront en un rien de temps.

*Vous aimiez la vie et parveniez à gérer votre stress avant de devenir accro.*

Je sais que vous trouverez cela difficile à croire si vous avez essayé d'arrêter avec la méthode de la « volonté ». Je vous assure que c'est la vérité.

# CHAPITRE 16

## *Quel est le sexe fort ?*

Dans la société occidentale, le pourcentage des femmes qui fument est maintenant presque aussi élevé que celui des hommes. De plus en plus d'adolescentes tombent dans le piège. Pour quelle raison ?

Les sentiments de faiblesse et d'insécurité des femmes sont exacerbés par le fait qu'elles sont soumises à une forme odieuse de lavage de cerveau qui ne s'applique pas aux hommes.

Cette forme de lavage de cerveau aurait tendance à nous faire croire que les femmes sont non seulement physiquement plus faibles que les hommes, mais en général moins intelligentes, moins logiques, plus émotives et moins enclines à prendre des responsabilités.

Mais nous avons déjà établi que les personnes volontaires et au fort caractère des deux sexes avaient tendance à être les modèles qui entraînent les autres à tomber dans le piège du tabac.

***Même encore aujourd'hui, plane la supposition que les hommes sont en général plus forts que les femmes, tant sur le plan physique qu'intellectuel. C'est un « fait » que nous avons été conditionnés à croire pendant des générations.***

La conclusion logique étant que si les fumeurs ont tendance à être plus forts sur le plan physique et intellectuel que les non-fumeurs, la femme actuelle doit être plus forte que l'homme. En réalité, elle l'a toujours été !

*« Nous avons tous nos faiblesses, ma chérie ! »*

Si une amie vous dit qu'il « faut absolument qu'elle mange », vous savez qu'elle a réellement besoin de se nourrir et qu'elle ne sera pas heureuse tant que sa faim n'aura pas été satisfaite. Vous comprenez et acceptez la distinction entre une personne qui a besoin de manger et celle qui a juste envie de grignoter.

Beaucoup de non-fumeuses ont du mal à comprendre pourquoi une fumeuse pourrait avoir envie d'une cigarette, et encore moins pourquoi elle pourrait en avoir besoin. Mais il suffit d'observer une fumeuse pour savoir qu'il s'agit d'un véritable besoin. Il ne fait aucun doute que la fumeuse est dépendante et esclave du tabac.

Les « experts » ont passé un temps considérable à se demander ce qui pousse les adolescents à fumer. Comme pour tous les autres aspects de la dépendance à la nicotine, ils en apprendraient bien plus en faisant porter leurs recherches sur le phénomène opposé : pourquoi certains adolescents ne tombent-ils pas dans le piège ?

Ma mère a vu mon père mourir du cancer du poumon. Comme elle a dû avoir de la peine de me voir devenir fumeur à mon tour ! Cependant, elle savait d'instinct l'influence que ma femme avait sur moi. Elle a dit à Joyce : « Pourquoi ne menacez-vous pas de le quitter s'il ne se décide pas à arrêter de fumer ? »
Joyce a répondu : « Parce qu'il ne peut pas arrêter et qu'il me laisserait partir. »
Joyce, qui ne fume pas non plus, ne comprenait pas plus que ma mère la stupidité de la situation, mais elle voyait bien que je fumais non pas choix mais parce que je ne pensais pas pouvoir profiter de la vie ou supporter le stress sans tabac.

La distinction entre « l'envie » et « le besoin » d'une cigarette est également très importante pour les fumeuses. Elles n'ont aucun problème à admettre avoir besoin de manger ou de boire un verre – à condition qu'elles ne soient pas alcooliques. Mais elles ne reconnaîtront jamais avoir « besoin » d'une cigarette. Et il ne leur vient pas à l'esprit qu'elles prouvent sans cesse le contraire.

***Je ne fumais pas par choix mais parce que je croyais être incapable de profiter de la vie et de supporter le stress sans tabac.***

Les cigarettes fumées en société, comme celles d'après le repas, semblent toujours plus agréables, mais les fumeuses peuvent s'en passer. C'est lorsqu'elles sont stressées qu'elles ont réellement « besoin » d'une cigarette.

*C'est lorsque nous sommes stressés que nous avons réellement « besoin » d'une cigarette.*

Les femmes doivent jongler avec un plus grand nombre de rôles dans leur vie que les hommes.

Le mouvement de libération des femmes a eu un impact majeur. Il a contribué à améliorer leurs droits et leur statut dans la société occidentale. L'ironie du sort a voulu que ces acquis n'ont pu se faire qu'au prix d'une vie bien plus stressante.

*« J'exerce mon droit égalitaire à l'autodestruction ! »*

Pour être considérée sur un pied d'égalité dans des professions autrefois réservées aux hommes, une femme doit être dix fois plus compétente que son homologue masculin.

La plupart des femmes doivent non seulement gérer le stress lié à leur carrière, mais également celui de la grossesse, de l'accouchement et de l'éducation des enfants – et ce dernier point s'applique aussi à leur mari !

### Un mot d'avertissement

Vous pourriez conclure de ce que je viens d'affirmer qu'il est plus difficile d'arrêter de fumer pour une femme, ou même que vous seriez plus avisée de continuer à fumer. Ce n'est pas le sens de mon propos. Ce que je veux dire, c'est que les femmes ont tendance à avoir une vie plus stressante que les hommes. Elles sont donc plus susceptibles que les hommes de tomber dans le piège du tabac. Mais inutile de vous inquiéter à ce sujet, vous êtes sur le point d'y échapper !

Que les choses soient bien claires dans votre esprit : le tabac ne permet pas de soulager le stress, il en est la cause. Pour la plupart des fumeuses, la dépendance à la nicotine est non seulement leur source principale de stress, mais c'est aussi ce qui rend beaucoup d'autres aspects de leur vie plus stressants.

***Que les choses soient bien claires dans votre esprit : le tabac ne permet pas de soulager le stress, il en est la cause.***

Je ne parle pas de l'effet cumulatif de l'intoxication et du coût financier du tabac sur votre santé physique et mentale et en termes d'énergie et de respect de vous-même, même si tout cela augmente votre stress au quotidien. Je fais aussi référence au sentiment d'anxiété, de vide et d'insécurité créé par la nicotine.

J'avais l'habitude de penser que j'étais devenu un fumeur compulsif à cause du stress engendré par le fait que je détestais mon travail. En réalité, c'était ma dépendance à la nicotine qui était à l'origine de mon stress.

Ainsi, les petits tracas sans importance qui viennent ponctuer la vie des non-fumeuses prennent-ils aux yeux des fumeuses des proportions phénoménales.

Supposez un instant que les cigarettes soulagent le stress. Il serait donc logique que les fumeuses soient plus calmes et décontractées que les non-fumeuses. Mais est-ce que ce ne sont pas les fumeuses qui sont tendues et nerveuses, en particulier lorsqu'elles n'ont pas la possibilité de fumer ?

N'avez-vous jamais hurlé à vos enfants d'aller se coucher pour pouvoir tranquillement vous éclipser pour en griller une ? Est-ce que ce ne sont pas les fumeuses qui ont besoin d'avoir les mains occupées ou de quelque chose pour calmer leurs nerfs ?

**Si les cigarettes calment leurs nerfs, pourquoi les fumeuses sont-elles si agitées ?**

*N'avez-vous jamais hurlé à vos enfants d'aller se coucher pour pouvoir tranquillement vous éclipser pour en griller une ?*

# CHAPITRE 17

## *Fumer pendant la grossesse*

Votre vie sera moins stressante lorsque vous aurez arrêté de fumer. Il est vital que vous le compreniez, surtout si vous êtes confrontée au moment le plus stressant de la vie d'une femme : la grossesse.

C'est sans aucun doute un des plus grands tabous. Il n'y a aucune situation où les fumeuses ont une aussi mauvaise image d'elles-mêmes.

Il est intéressant de noter que la plupart des fumeuses enceintes conviennent sans réserve avec leurs accusateurs qu'elles sont indéfendables.

Les nombreuses lettres que je reçois de mères fumeuses sont remplies de culpabilité et de mépris d'elles-mêmes. Les femmes se reprochent de donner un mauvais exemple à leurs enfants et de courir le risque de les laisser orphelins.

Celles qui avaient juré qu'elles « renonceraient » à la cigarette si elles tombaient enceintes sont encore plus mortifiées.

*« Prends une de mes cigarettes, ma chérie. Tu fumes pour deux maintenant. »*

Cet extrait d'une lettre envoyée par Jean est un exemple extrême :

*« Une petite cigarette ne peut pas me faire de mal. »*

*« L'ironie du sort est que pendant les premières années de notre mariage, nous avons déployé toutes les précautions possibles pour éviter que je ne tombe enceinte. Nous sommes tous deux en forme et en bonne santé (en dépit du fait que je fume) et nous n'imaginions pas avoir le moindre problème de fertilité lorsque le moment serait bien choisi. Je vous épargne les détails pénibles concernant les nombreux tests que nous avons dû passer, mais après huit ans de tentatives infructueuses, nous étions convaincus que nous n'aurions jamais d'enfant et envisagions sérieusement l'adoption.*

*« C'est alors que le miracle s'est produit. Ma joie était indescriptible. J'étais si impatiente que mon mari rentre du travail pour lui annoncer la bonne nouvelle.*

*« J'avais pris pour habitude de limiter ma consommation de cigarettes à un paquet par jour, laissant toujours les cinq dernières pour le lendemain matin. Au moment d'en allumer une, je me suis aperçue qu'il ne m'en restait plus que deux. Il était cinq heures de l'après-midi et je suis rendu compte*

***« Après huit ans de tentatives infructueuses, nous étions convaincus que nous n'aurions jamais d'enfant. »***

*« La grossesse est une période extrêmement stressante, vous savez ! J'ai besoin de quelque chose pour m'aider à la traverser. »*

*que j'avais fumé cigarette sur cigarette depuis que j'étais rentrée à la maison.*

*« Compte tenu des circonstances, cela n'avait rien d'étonnant, mais j'ai eu un choc en me rappelant que j'avais promis à Éric que j'arrêterais de fumer si j'avais la chance de tomber enceinte.*

*« En réalité, cette perspective était une des raisons qui me faisaient tant désirer une grossesse. Mais à cet instant, loin de m'en réjouir, mon euphorie a été aussitôt remplacée par un véritable sentiment de panique.*

*« Je n'ai rien dit à Éric. Bien qu'il n'ait jamais fumé, il s'est toujours montré respectueux à mon égard et ne m'a jamais harcelée pour que j'arrête, alors que je sais qu'il déteste le tabac.*

*« J'en suis maintenant à mon cinquième mois de grossesse, mon ventre commence à s'arrondir et je ne lui ai toujours rien dit. Au début, j'ai saisi le prétexte qu'il était encore trop tôt et que je ne voulais pas lui donner de faux espoirs. Je sais à*

La « puissance » de la dépendance à la nicotine réside dans le sentiment de panique qui vous envahit à l'idée que vous n'êtes pas capable de profiter de la vie ou de supporter le stress sans une cigarette. Ce sentiment de panique est bien réel. Mais une fois que vous comprenez que chaque cigarette, loin de soulager le sentiment de panique, est en réalité à son origine, cette puissance cesse aussitôt de s'exercer pour devenir votre meilleure alliée, celle qui prévient toute envie d'une autre cigarette.

*présent que la véritable raison pour laquelle je ne lui ai rien dit est que je ne peux pas accepter l'idée d'arrêter de fumer.*

*« Comment pourrait-il comprendre mon attitude, surtout après tout ce que nous avons traversé ? Je me sens si déprimée et lamentable. Je ne me sentirais pas plus mal si je lui avais été infidèle – c'est ce que je ressens : je l'ai trahi.*

*« Ce n'est pas comme si je n'étais pas convaincue des effets nocifs du tabac sur la santé de mon bébé. Je sais très bien le mal que cela me fait. Et malgré tout, cela ne me pousse pas à arrêter. Je suppose que je suis un cas désespéré et que vous ne pouvez certainement pas m'aider. »*

***Certaines personnes pensent qu'elles sont irrécupérables. Nous sommes ravis de leur prouver qu'elles ont tort et de les aider à s'engager sur le chemin de la liberté.***

## Comprendre l'essentiel

Je n'ai pas conseillé à Jean de « renoncer » au tabac. Au lieu de cela, je lui ai suggéré de venir dans mon centre avec son mari. Jean était bien consciente des effets de la nicotine. Elle pensait : « Ce poison détient un tel pouvoir sur moi que je ne pourrai jamais lui échapper, et encore moins arrêter facilement. » Pendant une de nos séances, elle a compris un point important : le tabac n'était pas un soulagement à son sentiment de panique mais il en était la cause. Jean et son mari étaient des gens intelligents. À la fin de la séance, il a enlacé sa femme et lui a dit : « Je comprends maintenant. N'essaie même pas d'arrêter à moins que tu ne le veuilles vraiment. » N'oubliez pas qu'à ce stade il ne savait toujours pas qu'elle était enceinte. Elle lui a répondu : « J'ai déjà fumé ma dernière cigarette. » Et ensuite, elle lui a parlé du bébé. Jean était un cas extrême, et c'est seulement une question de degré, mais en substance, son cas est on ne peut plus courant.

La société semble mettre tout en œuvre pour faire en sorte que les adolescentes se laissent prendre au piège. Puis, lorsqu'elles sont enceintes et traversent la période qui est sans doute la plus stressante de leur vie, nous les soumettons à une pression énorme pour les obliger à « renoncer » en les culpabilisant.

***La société semble mettre tout en œuvre pour faire en sorte que les adolescentes se laissent prendre au piège.***

La grossesse est devenue une succession de tests, de choix, de décisions, de joies, d'émotions et de peurs. Si elles ne passent pas le test qui consiste à arrêter de fumer à un moment aussi crucial, nous les traitons avec mépris et les réprimandons pour leur « faiblesse ».

Une telle attitude est compréhensible de la part du monde médical, même si elle n'est particulièrement utile ni à la mère ni à l'enfant à naître. Mais les non-fumeurs, les anciens fumeurs, les proches comme les parfaits inconnus se sentent obligés d'enfoncer le clou.

**Un peu d'empathie, s'il vous plaît !**

Ce manque d'empathie est malheureusement propre à la nature humaine. Lorsque vous avez un mauvais rhume et que vous vous sentez dans un état lamentable, combien de fois vous a-t-on répliqué : « Pourquoi en faire toute une histoire ? C'est juste un rhume ! »

*Elles ont mauvaise conscience pour le reste de leur vie.*

Certaines jeunes femmes ont de la chance et perdent le désir de fumer pendant leur grossesse. D'autres prennent la décision d'arrêter, mais échouent tristement. Même si le bébé naît en bonne santé, cela leur donne mauvaise conscience pour le reste de leur vie. Il est difficile d'imaginer le calvaire qu'elles endurent si le bébé naît avec une malformation.

Certaines femmes réussissent à arrêter pendant leur grossesse. Puis après neuf mois de mal-être, de peur, d'espoir et d'excitation, vient le moment le plus stressant de leur vie : la peur, la douleur et l'épuisement mental et physique de l'accouchement, qui culminent avec le miracle de la naissance.

Si la mère et l'enfant se portent bien, la douleur et l'épuisement sont momentanément oubliés et la mère passe en un instant de l'enfer au paradis. Taraudée entre ces deux extrêmes, un déclic se produit dans le cerveau de la mère, réclamant avec véhémence :

**J'AI BESOIN D'UNE CIGARETTE !**

Il y a plus de femmes qui cessent de fumer pendant leur grossesse qu'à n'importe quel autre moment, mais 25 % d'entre elles recommencent dans l'année qui suit l'accouchement. Si le compagnon de la femme est fumeur, elle est moins susceptible d'arrêter.

Certaines femmes qui arrêtent de fumer pendant presque toute leur grossesse m'ont dit avoir allumé une cigarette avant même que le cordon ne soit coupé. Certaines résistent à cette pulsion immédiate, mais sont vite rattrapées par leur addiction. Hélas, très rares sont celles qui profitent de leur maternité pour arrêter définitivement. Comme toutes les raisons qui poussent à arrêter, lorsque celle-ci ne s'applique plus, le désir de ne pas fumer disparaît à son tour.

Beaucoup de jeunes femmes enceintes refusent de croire aux effets nocifs du tabac sur leur bébé, ou essaient de se justifier en disant : « Je pense que ça lui ferait encore plus de mal si j'essayais d'arrêter maintenant. » Certaines prétendent même que leur médecin leur a interdit d'arrêter.

Je pourrais écrire un livre entier sur les prétendues prescriptions des médecins !

Une de mes patientes avait perdu le désir de fumer pendant sa première grossesse et était redevenue accro immédiatement après. Elle m'a raconté être délibérément retombée enceinte aussitôt, non parce qu'elle souhaitait un autre enfant mais pour l'aider à arrêter de fumer ! Cela m'a semblé très bizarre dans un premier temps, mais à la réflexion cela m'a paru logique. Le problème, c'est que cela ne fonctionne pas.

**Pensez au bébé**
La dernière chose qu'une femme enceinte veut entendre, c'est le mal qu'elle fait à son bébé en fumant. Elle le sait déjà, et elle continue néanmoins à fumer.

Avec les meilleures intentions du monde, beaucoup de médecins conseillent aux femmes enceintes d'essayer de réduire leur consommation si elles ne parviennent pas à arrêter complètement. Cela peut sembler judicieux, mais c'est le pire choix qui s'offre à la future mère.

Non seulement elle souffre de la restriction qu'elle s'impose pendant neuf mois, mais aussi de la culpabilité dès qu'elle dépasse son quota de cigarettes.

Mais l'effet le plus néfaste est que cela ancre dans l'esprit de la mère que chaque cigarette est extrêmement précieuse.

Après la naissance, la mère se retrouve dans la même situation que la personne au régime qui ne supporte plus la moindre privation et commence à s'empiffrer – la fumeuse succombe à une orgie de cigarettes.

Plus l'entourage fait pression sur la femme enceinte et la rend nerveuse et mal à l'aise, plus elle a besoin du soutien illusoire que lui procure le tabac.

***La personne au régime commence à s'empiffrer et la fumeuse succombe à une orgie de cigarettes.***

### Elle a perdu le contrôle

En dehors de la grossesse en soi et de la campagne de diffamation qui l'accompagne, les fumeuses subissent souvent un autre choc à cette période de leur vie. La plupart des jeunes fumeuses sont convaincues de contrôler la situation et de pouvoir s'arrêter facilement si nécessaire. La grossesse est souvent l'événement à cause duquel elles prennent consciente qu'elles sont aussi accros à la nicotine que des millions de « junkies ».

Le tabagisme a un autre effet sur la santé d'un bébé que je me sens obligé de mentionner. J'ai lu que les bébés dont la mère était héroïnomane souffraient des symptômes du manque. Je suppose que cela s'applique aussi à la dépendance à la nicotine.

Lorsqu'une fumeuse éprouve une sensation de manque, elle fait immédiatement le lien avec la cigarette. En d'autres termes, elle est capable d'identifier ce qui lui arrive.

Imaginez ce que doit ressentir un bébé confronté à l'horrible sensation de manque sans avoir la moindre idée de ce qui lui arrive.

***Imaginez ce que doit ressentir un bébé confronté à l'horrible sensation de manque sans avoir la moindre idée de ce qui lui arrive.***

Les bébés sont programmés pour pleurer dès qu'ils ont faim. Un bébé qui souffre des symptômes du manque de nicotine se sent donc en permanence tiraillé par la faim et pleure sans discontinuer.

Le nourrir ne lui apportera aucune satisfaction. Sa mère, épuisée et désorientée, aura tendance à trop le nourrir, ce qui ne fait qu'exacerber le problème.

Revenons à l'essentiel.

**Que vous soyez enceinte ou non, je veux que vous arrêtiez de fumer pour une raison purement égoïste : vous profiterez bien plus de la vie lorsque vous serez non-fumeuse.**

Si vous êtes confrontée à un véritable problème et que vous avez la possibilité d'y remédier, faites-le ! S'il n'y a absolument rien que vous puissiez faire, acceptez-le. Vous inquiéter n'y changera rien et ne sera d'aucune utilité.

Si vous êtes fumeuse, vous avez un véritable problème. Par chance, la solution est simple :

**ARRÊTEZ DE FUMER !**

# CHAPITRE 18

## *Le mythe selon lequel le tabac aiderait à maigrir*

Je ne compte plus le nombre de femmes qui m'ont dit s'être délibérément mises à fumer pour perdre du poids. En réalité, le tabac n'est d'aucune aide dans ce domaine. Comme toutes les illusions, il provoque en fait le contraire de l'effet recherché.

Même si fumer aidait réellement à perdre du poids, je ne crois pas qu'une femme se risquerait à s'exposer aux risques du tabac pour le reste de sa vie pour cette raison, ni pour aucune autre d'ailleurs. Il est très important que vous en preniez conscience.

Que penseriez-vous si je disais : « Personne n'a jamais décidé de plonger régulièrement la main dans de l'eau bouillante dans le seul but d'éprouver le soulagement de la retirer. » Vous vous diriez que mon argument est d'une telle évidence qu'il ne présente aucun intérêt.

La véritable différence entre les deux est qu'avec le tabac on nous fait croire qu'il nous procure un véritable plaisir ou un soutien.

> Si nous voyions le tabac pour ce qu'il est réellement – tout aussi bénéfique que de nous plonger la main dans l'eau bouillante – personne ne choisirait de devenir accro.

Les autres fumeurs ont une influence importante sur le fait que nous tombions dans le piège et en nous donnant l'impression que quelque chose nous manque lorsque nous réussissons à arrêter

- Aucune femme ne fume par choix ou parce qu'elle l'a décidé.
- Le tabac n'apporte aucun bénéfice.
- Toutes les fumeuses auraient préféré n'avoir jamais commencé.

Même si nous croyons aux bénéfices illusoires de la cigarette, nous n'avons aucune raison logique de devenir délibérément accros.

**Quels sont ces prétendus bénéfices ?**

Notre première cigarette nous montre que c'est un plaisir dont nous pourrions très bien nous passer. Nous savons également que c'est malsain, et répugnant.

**Le tabac nous aide-t-il à nous concentrer, à nous détendre, nous soulage-t-il du stress et de l'ennui ?**

*Avant de nous mettre à fumer, nous étions parfaitement capables de nous concentrer.*

Avant de nous mettre à fumer, nous étions parfaitement capables de nous concentrer, de nous détendre et de lutter contre le stress et l'ennui sans inhaler de fumées nocives. Alors, pourquoi prendre le risque de subir ces inconvénients pour des bénéfices dont nous n'avons pas besoin ?

La seule raison logique pour devenir accro au tabac de façon délibérée serait un suicide programmé. Mais si vous voulez réellement parvenir à vos fins, il est difficile d'imaginer une méthode plus longue, pénible, onéreuse et absurde d'atteindre votre but.

Il n'existe aucune raison logique de choisir de se mettre à fumer.

*« Une cigarette en entraîne une autre, il n'y a pas d'échappatoire. »*

Vous pourriez rétorquer qu'une adolescente en surcharge pondérale soucieuse de séduire un garçon pourrait croire que le tabac va l'aider à perdre du poids. Et le fait qu'elle ait subi un lavage de cerveau qui l'a amenée à croire que cela l'aidera peut-être à perdre du poids, même si en réalité cela ne l'aide en rien. Nous avons tous commencé à fumer pour diverses raisons stupides, mais nous n'avions pas prévu de fumer pour le reste de notre vie, sans jamais pouvoir nous arrêter.

Les campagnes de publicité vantant les mérites du tabac ont changé de façon radicale et les industriels du tabac ne tentent plus de nous présenter les cigarettes sous un jour « sexy » ou « cool ». Lorsque les adolescentes voient des femmes telles que Kate Moss une cigarette à la bouche ou d'autres stars de la mode ou du cinéma tout aussi minces et belles, elles n'ont qu'une envie : leur ressembler. Elles sont ainsi happées par le piège de la publicité gratuite pour les lobbys du tabac et leur opportunisme cynique.

L'image du corps féminin véhiculée par les médias et la vague de troubles alimentaires que cela a suscités sont devenues un problème majeur dans les années 1990. Le gouvernement a dû intervenir pour empêcher le recours aux mannequins émaciés des deux sexes et inverser la tendance.

L'industrie du tabac a longtemps mis en avant des personnalités au physique avantageux pour rendre leurs produits toxiques plus glamour.

Hélas, encore trop de célébrités autorisent d'être photographiées dans des lieux publics avec une cigarette.

Les fumeurs sont les meilleurs arguments commerciaux dont l'industrie du tabac puisse rêver. Ils ne cessent de se répéter à quel point ils seraient perdus sans leurs cigarettes et combien il est difficile d'arrêter.

« Je suis tellement contente d'avoir enfin saisi l'occasion de lire votre livre et tenté l'expérience. Cela fait douze mois aujourd'hui que j'ai arrêté. Ma fille a également lu le livre et elle est libérée depuis trois mois ! J'en parle à tous les gens que je connais et je l'offre à mes amis pour leur anniversaire. Je ne pourrai jamais assez le recommander ! »
*Caroline M., Australie*

Personne ne prendrait le risque de devenir accro de façon délibérée au fléau le plus meurtrier de la société occidentale juste pour perdre du poids, à moins d'avoir vraiment tout essayé.

Peut-être que ces personnes n'imaginent pas qu'elles seront dépendantes pour le reste de leur vie ni ce que cela va leur coûter sur le plan financier.

Je vous propose de jouer à un petit jeu la prochaine fois que vous sortirez. Cela s'appelle « Repérez les fumeurs obèses ». Je vous garantis que cela vous ouvrira les yeux. Ils sont partout !

C'est une réalité. Une des subtilités du piège est que beaucoup d'adolescentes crapotent parce qu'elles croient qu'elles ne deviendront pas accros.

Mais si elles n'ont pas l'autodiscipline nécessaire pour contrôler leur alimentation, comment pourraient-elles résister à la dépendance à la nicotine ? Après tout, nous savons maintenant à quel point elle est puissante.

Décideraient-elles délibérément de fumer, qu'elle qu'en soit la raison – et *a fortiori* pour perdre du poids – si elles savaient que la première cigarette les prendrait au piège pour le reste de leur vie et leur coûterait une fortune ? En fait, si nous avions dû payer nos premières cigarettes, nous ne serions sans doute pas tombés dans le piège.

***Une des subtilités du piège est que beaucoup d'adolescentes ne croient pas pouvoir devenir accros.***

### Éviter le prix à payer

Même lorsque nous essayons d'arrêter, nous déformons la réalité. Nous prétendons économiser tant par semaine, alors que nous limitons simplement ce que nous dilapidons. Si nous restons toujours si vagues, c'est pour éviter de nous rappeler le fardeau que nous portons – celui d'avoir jeté par les fenêtres plus de 100 000 euros (en moyenne) sur l'ensemble de notre vie.

Toutes les fumeuses mentent.

Ce n'est pas intentionnel. C'est juste un fait inhérent à toutes les addictions. Les toxicomanes se mentent à eux-mêmes et mentent à autrui.

Si elles trouvent une explication vaguement logique, telle que : « J'ai commencé à fumer pour perdre du poids », elles s'y raccrocheront.

Le fait que vous ne trouviez pas une seule fumeuse intelligente qui conseille ouvertement à ses enfants de fumer est une preuve en soi qu'aucune femme ne continue à fumer par choix. Toutes les fumeuses savent d'instinct qu'elles sont tombées dans un piège.

Beaucoup de fumeuses admettent qu'elles aimeraient tellement être libres. D'autres ne veulent pas le reconnaître et, pour sauver la face, elles déforment la réalité.

N'oubliez jamais qu'il n'y a rien que les fumeuses désirent autant que de quitter le navire en train de couler.

Pourquoi croyons-nous que fumer aide à perdre du poids ? Parce que les arguments en cette faveur ne manquent pas. Dès qu'une de nos amies se vante d'avoir cessé de fumer depuis six mois, nous la félicitons de paraître en aussi bonne santé. Mais secrètement, ne pensons-nous pas : « Sa nouvelle garde-robe a dû lui coûter une fortune ! »

**Paroles immortelles**

Si vos parents fumaient, ou une tante ou un cousin, vous avez certainement entendu ces paroles immortelles : « J'ai essayé de renoncer au tabac, mais j'ai tellement grossi que j'ai recommencé. » Lorsque vous essayez à votre tour d'échapper au piège, ce « fait » lié au tabagisme vous revient à l'esprit.

**Il est vrai que la plupart des fumeuses qui arrêtent à l'aide de la méthode de la « volonté » prennent du poids.**

Et cette prise de poids est permanente pour beaucoup d'anciennes fumeuses. La conclusion qui s'impose est donc que le tabac doit aider à maigrir. Mais comme avec tous les autres aspects du tabagisme, une fois que vous avez pleinement compris la nature du piège, c'est toujours le contraire de l'évidence qui s'avère vrai.

***« Que j'arrête de fumer ? Pouvez-vous me promettre que je ne vais pas gonfler comme une baudruche ? »***

Si vous avez déjà eu l'occasion de jouer à « Repérez les fumeurs obèses », vous aurez remarqué qu'en fait la plupart des grands fumeurs sont en surpoids.

Une fumeuse est plus susceptible d'allumer une cigarette que de manger. Le repas du soir a tendance à tenir une place prépondérante dans l'esprit de la fumeuse – à ce stade son corps crie en général famine.

Après ce repas du soir, vous pouvez éprouver une sensation de vide alors que vous venez de manger quelque chose de substantiel. Naturellement, vous pensez que votre faim n'a pas été satisfaite, en particulier parce que vous n'avez rien mangé de la journée.

En réalité, pendant la journée, votre corps réclamait de la nourriture, mais votre cerveau a interprété cette sensation comme : « J'ai envie d'une cigarette. » Vous avez donc fumé au lieu de manger. Dans la soirée, votre organisme vous réclame sa dose de nicotine, et votre cerveau interprète : « J'ai encore faim. » Parce qu'elles ne comprennent pas ce phénomène, beaucoup de fumeuses continuent de manger, sans jamais se sentir rassasiées parce que leur corps continue à avoir envie de nicotine.

> La nourriture ne peut satisfaire une envie de nicotine, pas plus que la nicotine ne peut satisfaire la faim.

**Même si elles n'ont rien mangé de la journée, elles grossissent malgré tout.**

Pourquoi les fumeuses grossissent-elles lorsqu'elles tentent de « renoncer » au tabac ?

Parce que le « petit monstre » ne meurt pas immédiatement et continue à réclamer sa dose pendant une courte période.

La tendance naturelle est de compenser avec la nourriture.

Beaucoup de nourriture.

Nous avons maintenant atteint la partie la plus difficile de *La Méthode simple*, celle où le risque d'échec est le plus élevé. Il est absolument essentiel que vous compreniez ce que je vais tenter de vous expliquer dans les paragraphes suivants.

Voici l'extrait d'une lettre qui m'a été envoyée par Barbara :

« Cher Allen,

« Je connais plusieurs personnes qui ont arrêté de fumé après avoir lu votre livre. Je reconnais que c'est un livre formidable et je suis d'accord avec tout ce que vous dites. Je l'ai lu plusieurs fois mais hélas cela n'a pas marché pour moi.

« J'ai essayé plusieurs fois mais je n'ai jamais tenu plus de trois semaines. Je suis mariée à un agriculteur et nos quatre fils travaillent tous à la ferme. C'est une vie très stressante, avec des journées très longues. Dès que j'essaie de renoncer au tabac, je ne pense plus qu'à fumer. Cela me donne envie de pleurer et je déprime. »

Avant d'aborder les points mentionnés dans la lettre de Barbara, je dois vous révéler de nouvelles informations. Je vous avais indiqué qu'il n'y avait que cinq instructions. C'est exact. Mais c'étaient seulement les instructions que vous devez suivre en lisant ce livre.

Il y a une autre série d'instructions, destinées à ce que vous restiez dans un état d'esprit positif pour le reste de votre vie. Comme lorsqu'on prend une décision à chaque intersection d'un labyrinthe, chacune de ces instructions est importante. L'une d'elles est la suivante :

**Ne cherchez pas à ne plus penser au tabac une fois que vous aurez arrêté de fumer.**

Lorsque nous essayons de « renoncer » en ayant recours à la méthode de la « volonté », nous nous sentons pitoyables parce que nous ne sommes plus autorisés à fumer, notre esprit est obsédé par l'idée de fumer, nous nous efforçons donc de ne pas y penser.

Mais il est impossible de NE PAS penser à quelque chose.

### Écraser le « petit monstre »

À l'instant où vous le privez de nicotine, le « petit monstre » commence à mourir. Dans son agonie, il essaiera de vous inciter à le nourrir. Envisagez-le comme un parasite. Créez une image mentale et prenez plaisir à le faire mourir de faim.

Barbara écrit : « Je ne pense plus qu'à fumer. » Pourquoi cela ? Arrêter de fumer est sans doute la décision la plus salutaire que vous prendrez de toute votre vie. Comment pourriez-vous ne pas y penser ?

Même si vous aviez essayé de ne pas y penser pendant quelques jours, le « petit monstre » vous rappellerait qu'il n'a pas été nourri. Et des personnes bien intentionnées viendront s'enquérir de vos progrès. Il est même possible que certains de vos amis fumeurs viennent fumer sous votre nez de façon délibérée pour essayer de vous convaincre – et eux aussi par la même occasion – que vous vous privez d'un grand plaisir.

Pas étonnant que Barbara ait trouvé impossible de ne pas y penser.

**Pourquoi aggraver votre supplice ?**

Demandez-vous pourquoi vous voudriez ne pas penser à fumer ? Vous n'êtes pas en train de traverser une épreuve abominable, au contraire, vous vivez quelque chose de merveilleux. Après tant d'années de liberté, le sujet de la lutte contre le tabagisme monopolise environ 90 % de mon temps. Penser aux cigarettes n'est pas un problème – tant que votre état d'esprit est positif. Si vous vous sentez malheureuse et que vous avez la sensation de vous priver, il est évident que vous détesterez y penser. Mais si vous êtes heureuse d'être libre, vous pouvez y penser toute la journée, et cela ne vous apportera que de la joie !

« Je voudrais vous dire à quel point je suis heureuse, après presque trente-huit ans de tabagisme, d'être non-fumeuse depuis plus de six semaines. J'ai la certitude que cette fois, ce sera la bonne. Hourra ! Je suis non-fumeuse ! »
*Deb K., États-Unis*

Barbara indique : « Dès que j'essaie de renoncer au tabac, je ne pense plus qu'à fumer. » Manifestement, elle croit toujours avoir fait un sacrifice.

Par conséquent, lorsqu'elle pense au tabac, elle le fait dans un esprit négatif et malheureux.

À l'évidence, Barbara n'a pas saisi l'ensemble de *La Méthode simple*. La clé n'est pas de savoir si vous pensez ou non au tabac, mais ce que vous en pensez.

Si vous pensez : « Quand vais-je cesser d'y penser ? » ou « Quand vais-je cesser de me sentir triste et dans un état de privation ? », vous vous assurez que la réponse à ces deux questions soit : « Jamais ! »

***La clé n'est pas de savoir si vous pensez ou non au tabac, mais ce que vous en pensez.***

Alors que si vous pensez : « N'est-ce pas formidable ? Je suis déjà libre ! », vous le serez !

Est-ce réellement aussi simple que cela ? Dès que vous pensez au tabac, pensez simplement : « N'est-ce pas formidable ? Je suis déjà libre ! »

Non, les choses ne sont pas aussi simples.

Il est inutile d'essayer de vous leurrer en espérant que si vous le répétez assez souvent, cela finira par devenir vrai.

Vous continuez à fumer pour une seule raison : chaque fois que vous avez essayé d'arrêter, vous avez découvert que vous étiez incapable de vous concentrer, de répondre au téléphone, d'apprécier vos repas ou de faire face au stress.

Vous n'aviez pas compris pourquoi il en était ainsi, vous avez seulement constaté les faits. Vous ne pouviez absolument pas vous leurrer, vous efforçant à croire qu'être privée de votre « béquille » était formidable, ou que vous étiez libre.

Une fois que vous comprendrez que...

- Le piège de la nicotine est une habile supercherie.
- Vous n'avez pas commencé à fumer à cause d'une faille ou d'une faiblesse.
- La nicotine, loin de vous aider à vous concentrer ou à vous détendre était en fait la cause de votre incapacité à le faire.

... vous découvrirez que la situation s'est inversée.

**Vous ne pourrez plus jamais vous leurrer dans le but de croire que vous avez besoin de fumer.**

*« Je suis bien contente d'en avoir fini avec cette cigarette. Je vais enfin pouvoir me concentrer sur la suivante. »*

***Les fumeuses qui « renoncent » au tabac à l'aide de la méthode de la « volonté » grossissent.***

Les fumeuses qui « renoncent » au tabac à l'aide de la méthode de la « volonté » grossissent parce que, dans les premiers jours d'abstinence, le « petit monstre » continue de créer un sentiment de vide et d'insécurité et elles remplacent la nicotine par la nourriture.

Non seulement la nourriture devient leur façon de gratter la « démangeaison », mais elle devient également une sorte de récompense.

Les fumeuses sont bien conscientes que les chewing-gums et les bonbons vont les faire grossir, mais elles considèrent cela comme une mesure provisoire à laquelle elles ont bien l'intention de mettre fin dès qu'elles se seront débarrassées de leur sale « habitude ».

En un rien de temps, l'ancienne fumeuse est en surpoids, les bonbons finissent pas la dégoûter et elle a désespérément envie d'une cigarette. Elle a maintenant une excellente excuse pour en allumer une.

« Non seulement je me tue à petit feu à force de prendre du poids, mais en plus je dépense une fortune en nouveaux vêtements ! Autant me tuer en fumant ! »

Le problème, c'est que le sucre ne comble pas l'envie de nicotine, votre fringale de sucrerie ne fait donc qu'augmenter. Et loin de rompre avec l'habitude du tabac en vous attribuant une petite récompense, les sucreries l'entretiennent.

Vous connaissez peut-être des fumeuses qui ont une taille mannequin, mais comme l'a fait remarquer la regrettée Anita Roddick, fondatrice de la chaîne Body Shop : il y a sept top models dans le monde, et toutes les autres femmes sont normales.

**Ceci doit être clair dans votre esprit : les anciennes fumeuses ne grossissent pas parce qu'elles arrêtent de fumer, mais parce qu'elles sont tombées dans le piège en premier lieu.**

Essayez de vous représenter le « petit monstre » comme un ver solitaire qui vit dans votre corps et se nourrit de nicotine. Pendant combien de temps allez-vous devoir l'affamer avant qu'il ne meure ?

La plupart des substituts nicotiniques vous font grossir, mettent votre moral en berne et vous rendent en fait la tâche plus difficile.

« Je ne pourrai jamais assez vous remercier de m'avoir donné les outils pour me sauver la vie. J'espère seulement avoir arrêté à temps. Je ne fume plus depuis cinq jours et je suis aux anges ! Je ne suis pas de mauvaise humeur, je ne ressens aucun symptôme de manque et je ne compense pas par la nourriture. Je m'apprête maintenant à courir un marathon, c'était donc la première étape du reste de ma vie. »

*Tiffany G., États-Unis*

## Prend-on du poids ?

Il n'y a aucune raison de grossir, même de façon provisoire, lorsque vous avez recours à *La Méthode simple*. Pourquoi ? Parce que du moment que vous comprenez la méthode, vous n'éprouvez aucune sentiment de privation, vous n'avez donc aucune raison de chercher un substitut avec la nourriture (ou toute autre substance).

Il n'y a aucune raison chimique ou biologique de prendre du poids. Même si le tabac augmente votre métabolisme, c'est dans une proportion tellement faible que cela n'a pas de véritable impact sur votre poids. Si vous avez déjà tenté l'expérience du vélo d'appartement, souvenez-vous des efforts que vous avez dû déployer pour perdre deux cents calories ! Fumer ne vous permet donc pas de brûler de nombreuses calories. La seule raison pour laquelle on peut prendre du poids en arrêtant de fumer est parce qu'on mange plus (ou qu'on mange moins sainement). Les causes de la prise de poids sont très peu nombreuses, et vous les éviterez toutes, n'ayez aucune inquiétude à ce sujet. Tout d'abord : le tabac ne coupe pas l'appétit. Comme vous le savez, c'est seulement votre cerveau qui opère une confusion entre la faim et les symptômes du manque de nicotine. Et n'oubliez pas, par le passé, vous étiez la seule à contrôler ce que vous mangiez – ne commettez pas l'erreur d'attribuer ce mérite aux cigarettes ! La raison la plus courante de la prise de poids est la substitution. S'il vous est difficile de ne pas fumer, vous pouvez être tentée de manger à la place. Même si les aliments apparemment sains sont mangés dans cette situation (légumes ou fruits), cela peut néanmoins avoir un impact négatif. N'importe quel sentiment de privation est aggravé par la substitution, qui renforce l'impression de manque et provoque des souffrances infinies. Mais comme vous ne ressentez aucune privation avec *La Méthode simple*, vous n'êtes pas tentée de chercher un substitut. Tout ce que vous avez besoin de faire est de vous assurer que vous ne cherchez pas un substitut de façon automatique. Le nombre de femmes qui prévoient à l'avance un produit de substitution avant même que le besoin se fasse sentir est phénoménal. Ne le faites pas !

Une autre cause de prise de poids qui peut être facilement évitée est ce que j'appelle le « tour d'honneur ». C'est ce qui se produit quand une personne n'a aucune envie de fumer mais utilise le fait d'arrêter de fumer comme une excuse pour s'offrir toutes sortes de petits plaisirs qu'elle ne consommerait pas en temps normal. Cette attitude consiste à dire : « Génial, je me suis surpassée, je n'ai pas fumé ! Je devrais me récompenser en m'accordant ce biscuit, ce gâteau, cette barre au chocolat, etc. » Il est facile d'imaginer comment ce mode de pensée et cet état d'esprit peuvent entraîner une surconsommation de nourriture (et en particulier d'aliments peu sains). Et plus grave encore, cela peut rapidement créer et perpétuer un problème de substitution en soi. Si vous vous surprenez en train d'agir ainsi, restez calme. Mettez rapidement un frein à votre « tour d'honneur » et commencez à prendre les mêmes décisions concernant la nourriture que vous avez prises pendant toute votre vie. Il est temps d'aller de l'avant et de vous réjouir d'être une non-fumeuse. Ce processus vous semblera facile.

L'autre problème qui risque de se poser est que vous avez peut-être eu des variations de poids au cours de votre vie, et ce de façon régulière. Dans ce cas, nous avons tendance à mettre ces prises de poids sur le compte d'événements tels que l'arrêt du tabac au lieu de simplement constater que cela fait partie des aléas de la vie. Si vous avez l'impression d'être dans ce cas, reprenez le régime alimentaire que vous avez toujours apprécié par le passé. Quelle meilleure façon de démarrer un mode de vie plus sain que d'arrêter de fumer ?
La seule autre cause de suralimentation (qui est en général facile à éviter) peut être attribuée au renouvellement de vos papilles gustatives. Très vite après avoir arrêté de fumer, elles reviennent à la normale et vous trouverez peut-être que les aliments ont meilleur goût qu'avant. C'est particulièrement vrai des aliments sains, tels que les fruits et les légumes frais, savourez donc ces nouvelles saveurs tout en faisant attention aux mets moins sains. Ne commettez pas d'erreur, appréciez les aliments auxquels vous êtes habituée mais soyez attentive à ne pas manger plus que de coutume en raison de votre sens du goût retrouvé.
Vous ne tarderez pas à vous habituer à ces sensations retrouvées et ne remarquerez plus votre sens du goût exacerbé. Combien de temps faut-il après l'achat d'un manteau neuf avant qu'il ne devienne « juste un manteau » et non un vêtement qui sort de l'ordinaire ?
N'ayez pas peur de prendre du poids. Vous serez une non-fumeuse épanouie et ne souffrirez d'aucun des désavantages des méthodes fondées sur la « volonté ».

*Vous vous rendez compte que vous pouvez profiter de la vie et l'affronter sans être dépendante de la nicotine.*

Soudain, vous prenez conscience que non seulement vous n'avez pas fumé pendant un long moment, mais qu'en plus l'idée ne vous est même pas venue à l'esprit.

Vous vous rendez compte que vous pouvez profiter de la vie et l'affronter sans être dépendante de la nicotine. Vous vous sentez complètement libre !

C'est un sentiment très agréable pour n'importe quelle fumeuse, quelle que soit la méthode employée pour arrêter. Mais cet instant s'avère également dangereux et il a réduit à néant beaucoup de tentatives de sevrage qui étaient jusque-là des réussites.

Comme vous vous sentez libre, vous pouvez ressentir l'envie irrésistible d'allumer une cigarette juste pour vous le prouver. Et c'est exactement ce qui se passe ! Après trois semaines d'abstinence, la cigarette a un goût étrange et infect. Vous n'avez plus de sentiment de plaisir, ni que la cigarette est une béquille et vous vous demandez comment vous avez pu nourrir toutes ces illusions.

**Un mythe trompeur**

Les fumeuses ont été portées à croire que les cigarettes aidaient à surmonter le stress. Mais les cigarettes ne font qu'aggraver le stress, ajoutant l'envie de fumer aux autres sources d'irritation.

*« Nous avons tant de choses en commun. Même notre marque de cigarettes. »*

Mais oh, mon dieu ! Vous avez à nouveau laissé la nicotine entrer dans votre organisme et à l'instant où elle commence à le quitter, vous avez créé un nouveau « petit monstre ».

Vous ne gratterez sans doute pas immédiatement la « démangeaison », mais quelques jours ou semaines plus tard, quand vous pourriez être tentée à nouveau, vous vous rappelez que vous avez fumé une cigarette une ou deux semaines plus tôt et que vous ne vous êtes pas laissé prendre à l'hameçon, alors où est le mal ?

*Avant même de vous en rendre compte, vous fumez autant qu'avant.*

Vous êtes retombée dans le même piège, et avant même de vous en rendre compte, vous fumez autant qu'avant.

Il est d'une importance capitale de ne pas confondre la période de trois semaines avec la longue période d'envie et de frustration endurée par les fumeuses qui tentent de « renoncer » au tabac avec la méthode de la « volonté ». Ces fumeuses n'ont même pas conscience de l'existence du « petit monstre ».

Longtemps après qu'il soit mort, dès qu'elles éprouvent un sentiment de vide et d'insécurité, qu'il soit causé par la faim, le stress ou la joie, leur cerveau leur souffle : « Cela veut dire que j'ai envie d'une cigarette – tu n'es pas encore débarrassée de cette sale habitude ! »

Nous avons maintenant abordé la différence essentielle entre *La Méthode simple* et les méthodes fondées sur la « volonté ».

N'oubliez pas que la sensation physique du symptôme de manque est en réalité si ténue que nous n'avons même pas conscience de son existence. C'est juste un sentiment de vide qui vous a accompagnée pendant toute votre vie de fumeuse et dont vous n'aviez même pas conscience.

Et il ne s'aggrave pas lorsque vous arrêtez.

Le corps ne peut ressentir une envie de nicotine plus pressante que l'envie de nourriture. Tout ce que le corps peut faire, c'est d'envoyer un signal au cerveau : « J'ai faim, j'ai besoin de manger » ou « J'ai envie ou besoin d'une cigarette. »

***Le corps ne peut ressentir une envie de nicotine plus pressante que l'envie de nourriture.***

Ayez conscience que, surtout pendant les premiers jours où le « petit monstre » vit encore, vous risquez d'éprouver la sensation : « J'ai envie ou besoin d'une cigarette. »

Avec la méthode fondée sur la « volonté », l'ancienne fumeuse rationalise les nombreuses raisons pour lesquelles il est stupide de fumer. Pourtant, il arrive parfois que votre cerveau réclame une cigarette quelques minutes avant que vous ne décidiez que vous ne fumerez plus jamais.

C'est très déroutant. Nous ne comprenons pas que ce sont juste les affres du « petit monstre » à l'agonie.

Nous supposons que nous avons besoin ou envie d'une cigarette parce qu'elle nous apporte un plaisir ou un soutien, ou parce que nous n'avons pas encore rompu avec notre mauvaise habitude. La raison importe peu. Le fait est que nous avons envie d'une cigarette et que nous ne nous l'autorisons pas. Cela nous donne un sentiment de manque et de mal-être.

***L'envie d'une cigarette nous donne un sentiment de manque et de mal-être.***

Pendant ce temps, le « petit monstre » n'a pas ressenti la moindre satisfaction et se rappelle à notre bon souvenir en augmentant peu à peu notre envie ou notre besoin. Et nous nous sentons encore plus en proie au manque et au malaise, ce qui crée en nous un sentiment de détresse.

Quand ressentez-vous le plus le besoin d'une cigarette ? Lorsque vous êtes soumise au stress.

Plus vous êtes stressée, plus le besoin d'une cigarette se fait sentir. Et plus longtemps cette envie n'est pas satisfaite, plus le stress est grand. Pas étonnant que les fumeuses qui « renoncent » avec la méthode de la « volonté » soient si tendues et trouvent cela si difficile.

*« Si je veux être honnête, les cigarettes ne font qu'ajouter un stress supplémentaire à ma vie. »*

Avec *La Méthode simple*, lorsque vous ressentez l'envie d'une cigarette, vous comprenez que c'est seulement le « petit monstre » à l'agonie qui se manifeste. Et vous savez que cette sensation n'est qu'un leurre cruel provoqué par votre précédente cigarette.

Au lieu d'avoir envie d'une cigarette et de vous sentir en état de manque et de mal-être parce que vous ne pouvez la fumer, vous adoptez l'attitude opposée. Il s'agit pour vous du rappel que le tabac ne vous apporte ni plaisir ni soutien, vous n'allez donc pas vous laisser duper et n'avez aucune intention d'inhaler ce poison. Votre état d'esprit est le suivant :

**N'est-ce pas merveilleux ? Je suis libre !**

***Au lieu d'avoir envie d'une cigarette et de vous sentir en état de privation et de mal-être parce que vous ne pouvez la fumer, vous adoptez l'attitude opposée.***

Tous les changements dans la vie, même les plus positifs, nécessitent un temps d'adaptation.

Avez-vous remarqué que lorsque vous achetez une nouvelle voiture, les commandes sont souvent inversées par rapport à l'ancienne. Pendant quelques jours, dès que vous voulez mettre le clignotant, vous déclenchez le klaxon.

Tandis que vous vous habituez à votre nouvelle voiture et que vous déclenchez les essuie-glaces au lieu de mettre le clignotant, vous énervez-vous, répétant délibérément la mauvaise manœuvre ? Non, vous acceptez simplement que l'adaptation prenne un peu de temps.

Vous devez donc accepter que dans les jours qui suivront l'arrêt du tabac, votre cerveau réclame : « Je veux une cigarette ! »

Ayez conscience que vous êtes libre de choisir. Vous pouvez vous dire : « J'adorerais une cigarette maintenant. Pendant combien de temps serai-je taraudée par cette envie ? Serai-je libre un jour ? » Ou vous pouvez vous dire : « Je comprends ce qui m'arrive. Ce sont simplement les manifestations du “petit monstre” à l'agonie. N'est-ce pas merveilleux ? Je suis déjà libre ! »

***Acceptez que votre cerveau réclame : « Je veux une cigarette ! »***

Gardez à l'esprit que les désagréments mineurs auxquels vous serez confrontée en vous arrêtant n'ont lieu que parce que vous êtes tombée dans le piège en premier lieu. Ils ne se produisent pas parce que vous essayez d'arrêter.

**Et vous parviendrez à arrêter.**

Mais comment saurez-vous que vous n'êtes pas en train de vous leurrer et que vous êtes réellement libre ?

C'est simple : inutile d'imaginer que vous êtes dépendante de la nicotine. Personne ne l'est, pas même les fumeuses. On leur a simplement fait croire qu'elles l'étaient. Avec la méthode de la « volonté », les fumeuses éteignent ce qu'elles espèrent être leur dernière cigarette, puis passent les jours qui suivent à se dire : « J'adorerais une cigarette, mais je ne peux pas ! » Et certaines passent le reste de leur vie à se dire cela.

Maintenant, faites une pause.

Réfléchissez à la stupidité de la situation. Comment peut-on dire : « Je veux être non-fumeuse » et passer le restant de ses jours en se disant régulièrement : « J'adorerais une cigarette. »

***Personne n'est jamais dépendant de la nicotine, pas même les fumeuses.***

Pouvez-vous imaginer un pire exemple de confusion mentale ?

Quelle est la réelle différence entre une fumeuse et une non-fumeuse ?

Les non-fumeuses n'éprouvent ni l'envie ni le besoin de fumer.

Indépendamment de la méthode employée, quel est l'objectif des fumeuses lorsqu'elles tentent d'arrêter ? Est-ce de vivre en ressentant l'envie irrépressible d'une cigarette à des moments incongrus et se sentir très mal parce qu'elles ne s'autorisent pas à en fumer une ? Bien sûr que non !

Quand une fumeuse essaie de « renoncer » au tabac, elle se raccroche au fol espoir de pouvoir être abstinente pendant assez longtemps, jusqu'au jour où elle s'éveillera un beau matin, pensant : « N'est-ce pas merveilleux ! Je suis libre ! Je suis non-fumeuse ! » La seule chose dont elle peut être certaine, c'est que cela n'arrivera jamais.

« J'ai découvert votre livre et votre méthode motivante – je trouve sa philosophie formidable et je pense que tout le monde devrait le lire, même sans avoir de problème de tabagisme. J'ai passé le livre à plusieurs amis, qui l'ont également adopté. Bravo et merci ! »
*Anne W., Royaume-Uni*

**Vous n'avez pas besoin d'attendre de devenir non-fumeuse.**

Débarrassez-vous du mystère, de la confusion et des doutes avant d'éteindre votre dernière cigarette, tout en sachant que :

- Il n'y a rien à quoi vous devez « renoncer ».
- Le tabac n'aide ni à se concentrer ni à se détendre.
- Il ne soulage ni de l'ennui ni du stress.
- En revanche, c'est une des causes majeures de stress et il nuit à la concentration et à la détente.

N'est-il pas bien plus judicieux d'aborder la question par une prise de conscience de cette merveilleuse vérité : vous ne renoncez à rien. Et loin d'être privée d'un plaisir ou d'un soutien, vous êtes simplement guérie de la maladie qui fait le plus de ravages dans la société occidentale, d'un fléau déprimant et ruineux et d'une forme d'esclavage. N'est-il pas préférable de commencer en ressentant ceci :

**N'EST-CE PAS FORMIDABLE ? JE SUIS LIBRE ! JE SUIS NON-FUMEUSE !**

C'est ce qu'ont fait les centaines de milliers de personnes qui ont arrêté de fumer avec *La Méthode simple*. Tout ce que vous avez à faire pour y arriver à votre tour est de suivre les instructions. Si vous commencez avec ce sentiment positif, il est inutile d'attendre que quelque chose se produise :

> Si vous attendiez de vous sentir comme une non-fumeuse, que cela prenne cinq jours, trois semaines ou plus longtemps, vous serez simplement dans l'expectative d'atteindre un état qui est déjà le vôtre. En effet, vous attendrez que rien ne se passe.

**VOUS ÊTES DÉJÀ UNE NON-FUMEUSE ÉPANOUIE**

Et vous pouvez poursuivre le cours de votre vie et vous réjouir. Les effets du tabac ne s'élimineront pas totalement de votre organisme tant que vous serez entourée de fumeurs. Ils se trouvent même chez les non-fumeurs à l'état de traces. Mais soyez rassurée, l'essentiel de cette saleté s'élimine de votre organisme quelques jours seulement après l'arrêt du tabac.

N'attendez pas que cela se produise ! À l'instant où vous éteignez votre dernière cigarette, vous commencerez à vous sentir plus forte, tant sur le plan physique que mental.

Lorsque vous traverserez une journée difficile, acceptez-la. Dites-vous simplement : « C'est juste une mauvaise journée, mais comme je suis physiquement et mentalement plus forte, je suis mieux lotie que lorsque je fumais. »

Vous ne tarderez pas à découvrir que les mauvais jours se produiront de moins en moins fréquemment et que les bons jours se multiplieront.

## Préparée à tout

Tout comme les non-fumeuses et les fumeuses ont de bons et de mauvais jours, il en va de même pour les anciennes fumeuses. Avec la méthode de la « volonté », l'ex-fumeuse a tendance à mettre tout ce qui lui arrive de négatif sur le compte de l'arrêt du tabac. Avec *La Méthode simple*, elle s'attend à vivre des moments difficiles, mais elle est consciente qu'à l'instant où elle éteint sa dernière cigarette, non seulement la nicotine commence à s'éliminer de son organisme, mais aussi tous ses effets néfastes.

**Ce sentiment de vide**

Comment ferez-vous la distinction entre les affres du « petit monstre » et une véritable sensation de faim ? Vous n'en saurez rien, pas plus que vous ne le saurez si vous restez fumeuse. Vous n'avez pas besoin de le savoir.
Pendant cette période, il vous suffit de manger des repas équilibrés au lieu de grignoter à longueur de journée. Autrement dit, si vous éprouvez ce sentiment de vide, vous pouvez supposer que ce sont les derniers soubresauts du « petit monstre ». Réjouissez-vous !

Le « petit monstre » est bien réel, mais il n'est jamais affamé. Comme pour le reste du lavage de cerveau, il sera peut-être le catalyseur qui vous donnera envie d'allumer une cigarette, mais c'est à vous de choisir si vous voulez continuer de fumer ou non.

Tout comme vous avez le choix de laisser ou non la main dans l'eau bouillante, exactement le même choix s'offre à vous lorsque vous vous surprenez à penser : « J'ai envie d'une cigarette. »

Est-il raisonnable de réfléchir au fait que vous pouvez décider de ne pas fumer ? Si vous le faites, ce sur quoi vous méditez est en réalité : « Aimerais-je devenir dépendante de Dévastation ? »

*« Maintenant que j'y pense, il est tout à fait inutile de fumer. »*

# CHAPITRE 19

## *Combien de mythes avons-vous fait voler en éclats ?*

Faisons le point sur tout ce que nous avons abordé jusqu'ici. Réfléchissez à chacune des questions qui figuraient dans le questionnaire des pages 65 et 66. Prenez votre temps et, lorsque vous serez prête, notez vos réponses. Ensuite, comparez-les avec vos réponses précédentes.

Sont-elles différentes ?

Maintenant, lisez les explications qui suivent chacune des questions ci-dessous. Lorsque vous le jugez nécessaire, reportez-vous aux chapitres correspondants afin d'être certaine que vous avez bien compris.

1. Les femmes fument-elles par choix ?

Nous avons clairement établi (Chapitre 7) que les femmes ne choisissent pas plus de fumer qu'elles ne choisissent leur langue maternelle.

2. Les femmes fument-elles par habitude ?

Non, elles fument parce qu'elles tombent dans le piège le plus ingénieux que l'humanité et la Nature réunies aient jamais élaboré : la dépendance à la nicotine (Chapitre 5).

3. Les fumeuses de longue date sont-elles plus accros que les adolescentes ? (Chapitre 5)

Au bout de combien de temps un insecte entré dans une plante carnivore peut-il être considéré comme pris au piège ? À l'instant même où il se pose sur la plante et commence à savourer son nectar. Les adolescentes deviennent accros dès l'instant où elles allument leur première cigarette.

### 4. Les fumeuses invétérées sont-elles plus dépendantes que les fumeuses occasionnelles ? (Chapitre 9)

*« Chéri, voyons, est-ce que j'ai vraiment l'air accro ? »*

Qui enviez-vous le plus : une personne enlisée dans les sables mouvants jusqu'aux chevilles ou jusqu'au cou ?

Elles sont toutes les deux tombées dans le même piège et vouées au même sort, même si la victime enlisée jusqu'aux chevilles ne tardera pas à prendre conscience de l'horreur de la situation dans laquelle elle se trouve. Si vous prenez conscience que vous êtes dans un piège et que vous voulez vous en échapper, vous avez une chance de vous en sortir. Mais si vous n'avez aucune envie de vous échapper, vous n'en avez aucune.

### 5. Les adolescentes commencent-elles à fumer pour se sentir adultes, cool ou rebelles ?

Il ne fait aucun doute que les adolescentes aiment se sentir adultes et cool. L'enfance et l'adolescence ne sont-elles pas le terrain d'apprentissage de l'âge adulte ?

Un esprit rebelle est certainement une qualité, dans la mesure où il est animé de bonnes intentions et où il est orienté de façon positive. IL EXISTE DES MILLIERS DE FAÇONS D'ÊTRE REBELLE OU VRAIMENT COOL, MAIS FUMER EST LOIN D'EN ÊTRE UNE.

Les excuses que nous invoquons pour fumer changent sans cesse, mais la véritable raison reste la même. C'est d'essayer de mettre un terme au sentiment d'insécurité créé par la première cigarette. Chaque nouvelle cigarette ne fait que prolonger cet état, ainsi que vos souffrances. Mais ce n'est pas une fatalité. Lorsque vous serez débarrassée du lavage de cerveau et de vos illusions sur la cigarette, il vous sera très facile d'être libre !

Les adolescentes n'admirent pas particulièrement les adultes qui fument.

Ce sont plutôt les rebelles de leur âge qu'elles admirent. Et fumer est toujours un symbole d'indépendance, une façon de s'affranchir de ses parents, bref, une sorte de rite de passage à l'âge adulte.

Nous avons tous commencé à fumer pour des raisons stupides. Mais ce n'est absolument pas une raison pour continuer. Les adolescents ont en fait commencé pour les mêmes raisons que nous.

**Ils sont tombés dans le panneau !**

Je me souviens de la douleur que j'ai ressentie en voyant mon père cracher ses poumons. Ses yeux larmoyants, injectés de sang, ses doigts et ses dents jaunes et sa mauvaise haleine n'avaient rien de chic, ni de cool. Mais cela m'a-t-il empêché de tomber dans le piège ? Bien sûr que non.

### 6. Les fumeuses sont-elles stupides ?

Dans ce cas, Sigmund Freud, Bertrand Russell et Albert Einstein l'étaient aussi !

Une souris est-elle stupide parce qu'elle grignote le fromage sur une tapette ? Un insecte est-il stupide de se poser sur une plante carnivore et de butiner son nectar ? Si nous répondons de façon positive, c'est seulement parce que nous voyons le piège et que nous ne nous y laisserions pas prendre.

**Mais le piège de la nicotine est différent.**

Il est ingénieux et conçu par les humains pour piéger d'autres humains. .

*Une souris est-elle stupide parce qu'elle grignote le fromage sur une tapette ?*

- Il y a seulement quelques générations, 80 % des hommes adultes s'y sont laissé prendre.
- Il prend encore au piège environ 30 % des adolescents, et les filles sont maintenant plus nombreuses que les garçons.
- Il a provoqué plus de morts prématurées que n'importe quelle maladie, famine ou guerre à travers l'histoire.
- La dépendance à la nicotine crée plus de cinq millions de victimes chaque année. L'Organisation Mondiale de la Santé a estimé que ce chiffre passerait à dix millions au cours de la deuxième décennie de notre siècle.

### Transmettez le message

Il y a de nombreuses années, j'étais le seul défenseur de *La Méthode simple*. Maintenant, des dizaines de millions de gens peuvent témoigner de l'efficacité de ma méthode. Lorsque vous serez vous aussi satisfaite, je vous serais reconnaissant de ne pas vous satisfaire de m'envoyer une lettre de remerciement. Contactez les médias, votre médecin, vos élus locaux et demandez-leur pourquoi ils laissent se perpétuer des illusions qui permettent à ce véritable fléau de ravager notre planète. Partagez la bonne nouvelle sur les réseaux sociaux. Apprenez au monde à quel point il est facile d'être libre.

Dire à nos enfants que le tabac coûte cher et est mauvais pour leur santé ne les empêche manifestement pas de tomber dans le piège.

En revanche, on peut leur expliquer comment le piège fonctionne. C'est beaucoup plus efficace que de leur dire simplement qu'ils vont se ruiner la santé.

Quel plus beau cadeau pouvons-nous faire aux jeunes générations que de leur transmettre l'information qui leur donnera une chance d'éviter le piège de la nicotine ?

Même les adolescents les plus rebelles sont ouverts aux approches qui n'essaient pas de les effrayer.

7. Les fumeuses apprécient-elles le goût de certaines cigarettes ? (Chapitre 5)

8. Certaines cigarettes sont-elles meilleures que d'autres (à la fin d'un repas, par exemple) ?

Dans une étude récente, plus des deux tiers des fumeurs ont admis qu'ils avaient déjà fumé des mégots lorsqu'ils étaient à court de cigarettes. Nous ne fumons pas à cause du goût du tabac ; nous apprenons à en supporter le goût pour pouvoir obtenir notre dose de drogue !

Certaines fumeuses prétendent aimer l'odeur du tabac. Pourtant, toutes celles qui pénètrent dans une atmosphère enfumée trouvent cela désagréable.

**En dépit du fait qu'elles n'apprécient pas l'odeur, ses effets peuvent être particulièrement dangereux pour les anciennes fumeuses à deux moments clés, pour lesquels vous devez être vigilante.**

Le premier est dans les premiers jours après avoir éteint votre dernière cigarette.

L'autre est une soirée entre amis ou en famille, en particulier à l'époque de Noël ou du nouvel an.

Même si vous appréciez l'odeur ou la fumée de cigarette, ce n'est pas la raison pour laquelle vous fumez.
Certaines personnes aiment l'odeur de l'essence ou du pain qui sort du four, mais elles ne passent pas leur vie devant les stations-service ou les boulangeries.

Si vous avez récemment arrêté de fumer, vous pouvez être déconcertée si vous vous surprenez à reconnaître l'odeur du tabac et que cela fasse germer dans votre esprit l'idée de fumer. Cela ne veut pas dire que vous avez envie d'une cigarette, mais simplement que votre cerveau a oublié que vous avez arrêté.

Si cela vous arrive et que vous essayez de ne pas penser aux cigarettes, vous y penserez d'autant plus.

Si je vous dis : « QUOI QUE VOUS FASSIEZ, VOUS NE DEVEZ PAS PENSER À UNE BANANE », vous y penserez à coup sûr ! Cela n'a aucune importance si vous pensez aux cigarettes – même si vous pensez : « J'en veux une ! » – cela ne veut pas dire que vous en ayez réellement envie.

Certaines personnes ont du mal à accepter cela, mais c'est pourtant vrai. Réfléchissez-y un instant.

Si vous étiez en train de vous disputer avec un ami, au plus fort de la querelle, vous pourriez penser « Je pourrais te tuer », mais cela ne veut pas dire que vous puissiez réellement tuer quelqu'un. Et cela ne fait pas de vous quelqu'un de mauvais. C'est juste une pensée. Et c'est ce que vous faites de cette pensée qui importe.

C'est un peu comme si vous gariez votre voiture à la même place tous les jours pendant

> Au moment de fumer votre dernière cigarette, concentrez-vous sur celle-ci. Soyez pleinement consciente de son odeur nauséabonde, de son goût infect et, par-dessus tout, de la saleté dont vous imprégnez vos poumons. Ça n'en vaut pas vraiment la peine, si ?

***Pouvez-vous imaginer ce qu'a ressenti Nelson Mandela à sa sortie de prison ? Vous éprouverez la même euphorie à la fin de ce livre.***

un an – que ce soit sur votre lieu de travail ou à votre domicile – et qu'après un an, votre place était décalée d'un rang. Cela ne vous surprendrait pas si vous gariez votre voiture à votre ancienne place par accident !

Lorsque cela se produit, il ne vous viendrait pas à l'idée d'éteindre le moteur, de lever les mains au ciel en pensant : « BON SANG, JE SUIS VRAIMENT OBSÉDÉE PAR CETTE PLACE DE PARKING. J'Y SUIS RÉLLEMENT ATTACHÉE. IL M'EST IMPOSSIBLE DE ME GARER À MA NOUVELLE PLACE. »

*« Ça n'en vaut vraiment pas la peine, si ? »*

En fait, vous n'avez qu'à garer votre voiture à nouveau. Cela ne veut pas dire que vous voulez vous garer à une place plutôt qu'à une autre, mais seulement que votre cerveau a oublié que votre place a changé.

Et c'est exactement ce qui se passe lorsque vous sentez une cigarette (ou que vous y pensez).

**CELA NE VEUT PAS DIRE QUE VOUS AVEZ ENVIE D'UNE CIGARETTE.**

Cela veut juste dire que votre cerveau a oublié que vous avez arrêté, ce qui n'est pas étonnant après des années de tabagisme.

À ce stade, au lieu de vous inquiéter, de paniquer, ou d'essayer de ne pas y penser, vous serez prête à accepter ce que vous ressentez et comprendrez que c'est exactement comme si vous essayiez de garer votre voiture à votre ancienne place. Vous pouvez sourire, cela n'est pas mauvais signe !

**DEVEZ-VOUS ÉVITER LE TABAGISME PASSIF ?**

**NON !**

Les choses doivent être claires dans votre esprit : ce n'est pas le « petit monstre » qui vous rend dépendante, mais le « grand monstre » : la croyance que vous pouvez obtenir un plaisir ou un soutien en nourrissant le « petit monstre ».

La bonne nouvelle, c'est que vous n'avez absolument pas besoin d'éviter les fumeurs et les situations enfumées. Vous n'êtes pas en train d'essayer d'arrêter de vivre ! En fait, vous n'avez même pas « renoncé » au tabac. Il n'y a rien à quoi il faille renoncer.

***N'oubliez pas que vous devenez non-fumeuse à l'instant même où vous éteignez votre dernière cigarette.***

Vous avez l'opportunité de prouver que vous n'avez pas besoin d'attendre de devenir une non-fumeuse épanouie. Vous pouvez profiter de la vie, des repas et des sorties dès maintenant.

À l'instant où vous aurez éteint votre dernière cigarette, vous aurez réglé le problème. Vous aurez cessé d'empoisonner votre organisme et deviendrez rapidement plus forte, tant sur le plan physique que mental. Vous pouvez commencer à profiter de la vie dès à présent, dans la mesure bien sûr où vous ne commencez pas à broyer du noir, regrettant un plaisir ou un soutien qui n'a jamais existé.

Si vous êtes encore effrayée à l'idée de vous rendre à une fête en étant non-fumeuse, faites en sorte d'assister à l'une d'elles dès que possible après avoir fumé votre dernière cigarette. Et allez-y en vous réjouissant d'avance et non avec appréhension. Il ne vous arrivera rien de mauvais.

**Au contraire, quelque chose de merveilleux et d'excitant est en train de se produire.**

Vous êtes sur le point d'atteindre ce dont rêvent toutes les fumeuses de la planète : **LA LIBERTÉ**.

*« Vous libérer de la dépendance à la nicotine est un extraordinaire accomplissement. »*

Les autres fumeurs s'attendront à entendre vos plaintes et à vous voir au supplice. Même lorsque vous serez la seule non-fumeuse présente, tous les fumeurs vous envieront. Certains n'auront peut-être pas le courage de l'admettre. D'autres vous souffleront délibérément la fumée au visage ou vous offriront une cigarette lorsqu'ils penseront que vous aurez baissé la garde.

Ne les méprisez pas, plaignez-les plutôt.

Vous vous sentez peut-être tellement euphorique que vous pourrez oublier que vous avez arrêté et tendre la main machinalement vers un paquet de cigarettes.

**Ne vous inquiétez pas !**

Vous avez simplement actionné les essuie-glaces à la place du klaxon. Et le fait que vous ayez oublié est un excellent signe. N'est-ce pas la preuve que vous profitez déjà de la vie et que vous n'êtes pas obsédée par l'idée de ne plus fumer ?

*« Arrêter de fumer ne va pas me rendre malheureuse. »*

Une bataille constante fait rage entre les fumeuses et les non-fumeuses qui ont « renoncé » au tabac avec la méthode de la « volonté ».

***Lorsque vous arrêtez avec* La Méthode simple, *inutile de bluffer.***

Les anciennes fumeuses ne cesseront de répéter combien elles se sentent mieux, ont économisé de l'argent et que le tabagisme est une habitude vraiment répugnante.

Les fumeuses s'enthousiasmeront sur le plaisir qu'elles éprouvent, que c'est de l'argent bien dépensé et vous diront que de toute façon elles peuvent passer sous un camion le lendemain.

Lorsque vous arrêtez avec *La Méthode simple*, inutile de bluffer. Vous avez en main une quinte flush royale et vous savez que les fumeuses n'ont même pas une paire de deux.

**Complices dans le crime**

Si votre partenaire fume également, ne commettez pas l'erreur d'essayer de le persuader d'arrêter en même temps que vous. Soit votre conjoint ne vous suivra pas, soit il sera tenté de saper votre réussite. Quand vous aurez conscience d'être réellement libérée, votre partenaire vous imitera de lui-même.

Nous avons maintenant fait voler en éclats les huit premiers exemples de lavage de cerveau. Les mythes 9 à 12 peuvent être traités conjointement.

9. Le tabac aide-t-il à surmonter l'ennui ?
10. Le tabac favorise-t-il la concentration ?
11. Le tabac aide-t-il à se détendre ?
12. Le tabac soulage-t-il notre stress ?

Demandez à un fumeur comment une même cigarette peut avoir des effets totalement opposés.

En fait, l'explication est très simple.

Lorsque la nicotine s'élimine de l'organisme de la fumeuse, cela crée stress et tension. Si une fumeuse se trouve dans une situation réellement stressante, comme un accident de voiture par exemple, elle attribuera le stress à l'accident.

Lorsque vous allumez une cigarette et que peu après vous vous sentez moins stressée, votre cerveau est porté à croire que la cigarette a partiellement soulagé le stress.

Mais vous n'avez pas conscience que, même lorsque vous fumez, vous êtes plus tendue que si vous étiez non-fumeuse.

***Même lorsque vous fumez, vous êtes plus tendue que si vous étiez non-fumeuse.***

C'est parce que la cigarette ne soulage que partiellement les symptômes de manque.

*Lorsque vous allumez une cigarette parce que vous vous ennuyez, vous dites-vous soudain : « Comme c'est intéressant ! » ?*

Dans une situation relaxante, les fumeuses peuvent se sentir complètement détendues car elles sont en proie à la « démangeaison ». C'est ce qui explique pourquoi même les fumeuses occasionnelles ont tendance à fumer comme des pompiers dans les soirées.

La seule raison pour laquelle nous croyons que le tabac aide à surmonter l'ennui est que nous avons tendance à allumer une cigarette quand nous nous ennuyons. Mais l'ennui est une composante de notre esprit. Lorsqu'il se manifeste, il nous indique que nous n'avons rien d'intéressant pour occuper notre esprit.

Lorsque vous allumez une cigarette parce que vous vous ennuyez, vous dites-vous soudain : « Comme c'est intéressant ! J'inhale ces fumées cancérigènes, puis je les expire ! Comme je m'amuse ! »

Cela ne nous traverse jamais l'esprit, pas même lorsque nous fumons les cigarettes soi-disant « spéciales », comme après le repas par exemple.

Tout comme un chewing-gum ne vous aide pas à être moins stressée mais souligne au contraire vos tensions, fumer ne fait que mettre en évidence votre ennui.

La dépendance à la nicotine est une source majeure d'ennui pour plusieurs raisons :

- Parce que nous croyons que cela soulage notre ennui, c'est une sorte de facilité qui nous empêche de chercher une véritable solution à notre problème.
- Parce qu'elle nous rend léthargiques et pèse sur nos finances, nous n'avons ni l'énergie ni les moyens d'entreprendre de nouvelles activités.

Mais, plus important encore...

- Comme nous nous sentons de moins en moins à l'aise dans les situations où nous ne pouvons pas fumer, nous finissons par les éviter.

Pourquoi fume-t-on lorsqu'on s'ennuie ? En partie parce qu'on nous rabâche depuis toujours que la cigarette nous délivre de l'ennui. Et principalement parce que lorsque vous avez quelque chose pour occuper votre esprit qui n'implique ni stress ni concentration, vous n'aurez pas conscience de la « démangeaison ».

La meilleure façon de surmonter l'ennui est donc de faire quelque chose qui vous occupe l'esprit. Autrement dit, il s'agit de vous concentrer sur quelque chose. Mais les fumeuses pensent être incapables de se concentrer sans une cigarette.

***Les fumeuses ont une distraction permanente : la « démangeaison ».***

**Quel est le secret d'une concentration efficace ?** Éliminer toutes les sources de distraction. Les fumeuses ont une distraction permanente : la « démangeaison ». C'est pourquoi la plupart des fumeuses allument une cigarette avant de passer un coup de fil. Et cette fois encore, cela ne soulage qu'en partie la « démangeaison », votre capacité de concentration est donc moins grande que si vous étiez non-fumeuse. Si le tabac aidait réellement à se concentrer, alors pourquoi ne rendrait-on pas la consommation de tabac obligatoire pour les conducteurs de train, les pilotes d'avion et les chirurgiens pendant leurs heures de travail ? Et pourquoi leur est-il formellement interdit de fumer dans l'exercice de leur métier ? Parce que le tabac gêne en fait la concentration. De plus, la lente dégénérescence initiée par la nicotine affecte tous les organes, y compris le cerveau. **N'y a-t-il que les fumeuses et les anciennes fumeuses qui ont des problèmes de concentration ?** Si c'était le cas, on pourrait en déduire que le tabac les provoque plutôt qu'il ne les résout. Après avoir arrêté de fumer avec *La Méthode simple*, j'ai continué à avoir des problèmes de concentration, mais comme je savais que la cigarette est préjudiciable à la concentration, je n'ai pas perdu mon temps à regretter le temps où je fumais. J'ai donc cherché une véritable solution à ce problème.

> Demandez à un fumeur ce qui lui plaît dans le fait d'inhaler des fumées cancérigènes et il se montrera immédiatement moins expansif. Fumer équivaut à porter des chaussures trop petites. Aucune de ces deux expériences n'est agréable.

Nous avons maintenant fait voler en éclats les mythes 1 à 12. Le moment est venu d'aborder les deux illusions les plus fortement enracinées dans l'esprit des fumeuses.

### 13. Les femmes aiment-elles fumer ?

Même lorsque vous comprenez la nature du piège et le mode de fonctionnement de l'illusion, il est très difficile d'admettre que personne n'a jamais apprécié le goût de la cigarette, du cigare ou de la pipe.

Vous devez faire table rase des illusions et du lavage de cerveau pour vous confronter à la situation telle qu'elle est réellement : la dépendance à la nicotine n'est guère différente de la plante toxique Dévastation, décrite au chapitre 6.

Relisez la définition de cette drogue, et vous aurez du mal à comprendre comment qui que ce soit a pu se persuader qu'il aimait fumer. Cependant, une raison est parfois avancée par les fumeurs les plus perspicaces :

**LE RITUEL**

Si c'était le rituel qui était si agréable, il serait possible de continuer à l'accomplir sans allumer la cigarette.

Certains fumeurs ont tenté l'expérience mais ont découvert que cela ne fonctionnait que pendant une courte période. Il est facile de comprendre pourquoi c'est voué à l'échec si on apprécie le rituel de la table.

Imaginez que vous vous rendiez dans un beau restaurant doté d'une atmosphère agréable et d'une vue magnifique. Rien ne manque : une belle nappe, les verres en cristal, l'argenterie et la vaisselle en porcelaine. Un serveur vous apporte la carte et vous vous délectez des effluves qui émanent de la cuisine.

Votre commande arrive enfin. Vous êtes sur le point de goûter la première bouchée quand un serveur vous tape poliment sur l'épaule et vous dit : « Désolé, vous n'avez payé que pour le rituel, pas pour le repas. »

*« Le tabac ne m'empêchera plus de profiter des vrais plaisirs de la vie. »*

Le rituel de la table est dédié à accroître le plaisir à satisfaire sa faim. Si vous n'êtes pas autorisée à le faire, il devient dépourvu de sens et extrêmement frustrant.

*Le rituel de la cigarette serait absurde si nous n'étions pas autorisés à gratter cette « démangeaison ».*

Dans le cas du tabac, les emballages brillants, les briquets en or, les étuis à cigarettes en argent et les cendriers en cristal ont une fonction opposée : vous faire croire qu'il y a quelque chose d'agréable et de convivial à inspirer des fumées nauséabondes et cancérigènes.

Tout comme le rituel de la table serait absurde si nous n'étions pas autorisés à manger, le rituel de la cigarette serait dépourvu de sens si nous ne pouvions gratter cette « démangeaison ».

### 14. Certaines femmes sont-elles particulièrement vulnérables à la dépendance ?

Il est impossible de prouver que quelque chose n'existe pas. Mais on peut peser le pour et le contre et faire confiance à son intelligence pour déterminer ce qui est le plus probable.

Beaucoup de fumeuses finissent par conclure qu'elles ont une personnalité vulnérable à la dépendance. Pourquoi ? En général parce que c'est la seule explication rationnelle qui leur semble plausible pour expliquer qu'elles continuent à faire quelque chose qui ruine leur santé et met leur situation financière en danger.

Si je devais vous charger de découvrir pourquoi les d'Égyptiens se noient plus souvent dans le Nil que les Ukrainiens et de déterminer si les Égyptiens ont un trait de personnalité qui les rend plus susceptibles de se noyer, il ne vous faudrait pas longtemps pour parvenir à une conclusion raisonnable. Les Ukrainiens ne se noient pas dans le Nil parce qu'ils ne vivent pas à proximité.

Les Égyptiens n'ont pas un penchant pour la noyade, mais ils peuvent se noyer lorsqu'ils se baignent ou traversent le Nil en bateau.

De même, la raison pour laquelle vous n'êtes pas accro à l'héroïne est que vous n'en consommez pas.

**Vous ne pouvez devenir dépendante à quelque chose que vous n'avez jamais essayé.**

C'est la révélation qui a surpris des milliers de fumeurs qui croyaient avoir une personnalité vulnérable à la dépendance en essayant *La Méthode simple*.

**Ce n'est pas votre personnalité qui vous rend accro, mais une drogue qui crée une dépendance.**

Ce qui vous rend aussi dépendante, c'est la croyance que la drogue vous procure plaisir et soutien et que, sans elle, vous ne pourriez ni profiter de la vie ni faire face au stress.

Une fois que cette illusion a volé en éclats, la dépendance disparaît aussitôt.

Nous avons maintenant balayé les mythes 1 à 15 puisque nous avons aussi répondu dans le chapitre 18 à la question :

**15.** Le tabac vous aide-t-il à perdre du poids ?

Nous allons bientôt aborder les cinq derniers mythes.

# CHAPITRE 20

## *Rompre les associations*

*La Méthode simple* s'applique à toutes les fumeuses. Mais malgré nos efforts, il y a toujours un petit pourcentage d'entre elles pour qui elle n'est pas efficace. Même si elles pensent être vouées à l'échec, nous voyons les choses autrement. Nous savons que chacune d'elles peut arrêter facilement. Notre devise est la même que celle de la police montée canadienne : « Nous trouvons toujours notre homme » – ou notre femme, en l'occurrence !

Chaque fois que le chemin du succès s'avère difficile, nous tentons d'en analyser les raisons. Prêtez une attention particulière aux points suivants, car ce sont les principales raisons d'échec :

1. **La croyance que vous êtes différente et que *La Méthode simple* ne marchera pas pour vous.**

***Vous n'êtes pas différente de 40 % des membres de la population qui sont tombés dans le piège.***

C'est une forme de pensée négative, tout simplement – une façon de vous avouer vaincue avant de commencer. Vous n'êtes pas différente de 40% des membres de la population qui sont tombés dans le piège et essaient de s'en échapper. Mais une chose importante vous distingue d'eux, c'est que vous connaissez désormais la réalité des faits.

2. **Aborder la méthode dans un état d'esprit craintif et en croyant qu'il sera très difficile d'arrêter.**

Quelle raison avez-vous d'être déprimée ? Vous venez d'opter pour la liberté après des années d'esclavage. Commencez dans un état d'esprit heureux et confiant et considérez cela comme un défi très excitant. Vous n'avez absolument rien à perdre et tout à gagner.

*« Le goût ? Les cigarettes ont détruit mon sens du goût depuis des années. »*

3. **Ne pas comprendre que la seule raison pour laquelle une femme continue à fumer, c'est de nourrir le « petit monstre ».**

L'idée que le tabac vous procure un plaisir ou un soutien est simplement une illusion créée par le « petit monstre ». Vous comprenez maintenant que chaque cigarette, loin de soulager votre sentiment d'insécurité, ne fait que le perpétuer. La seule façon d'être définitivement guérie consiste à vous débarrasser du « petit monstre » une fois pour toutes.

4. **Ne pas comprendre que le « petit monstre » survivra pendant quelques jours après avoir éteint votre dernière cigarette.**

Les seules envies que vous éprouverez après avoir éteint votre dernière cigarette sont juste les manifestations du « petit monstre » à l'agonie. Prenez plaisir à le voir mourir et réjouissez-vous de votre décision d'arrêter.

**5. Ne pas réussir à identifier les associations et à y mettre un terme.**

Il y a des dizaines d'associations qui peuvent nous empêcher de nous échapper du piège si nous ne les identifions pas pour pouvoir ensuite les rompre. Évoquons les plus courantes :

### Les vacances

Vous rencontrez un groupe de fumeurs en vacances. Tous passent un bon moment. Les cigarettes circulent, et il est facile de penser : « Ce n'est pas juste. Ils ont l'air de s'amuser. Ils ont le droit de fumer et pas moi. » Bien sûr qu'ils passent un bon moment : ils sont en vacances ! Et même s'ils ne l'admettront pas, chacun de ces fumeurs vous enviera. Vous êtes en vacances ET vous n'êtes pas esclave de la cigarette.

### Le vol retardé

Vous vous ennuyez, vous vous sentez frustrée et partout les fumeurs jubilent, se vantant d'avoir économisé une petite fortune en achetant leurs cigarettes en duty free. Il est facile de se dire : « J'ai toujours fait des économies dans les duty free. Je vais juste acheter un paquet. » Dites-vous au contraire que ces fumeurs vont dépenser des dizaines de milliers d'euros au cours de leur vie, pour le seul privilège de se réduire à l'esclavage et de ruiner leur santé.

## Le traumatisme

Quelqu'un emboutit votre voiture. Vous pensez aussitôt : « Avant, dans des moments pareils, j'avais ma petite béquille. Repensez au temps où vous étiez fumeuse et où vous traversiez de petits ou de grands drames. Dans ce genre de situations, vous allumiez certainement une cigarette, ou même plusieurs, mais vous rappelez-vous avoir pensé : « La vie n'est-elle pas merveilleuse ? J'ai démoli ma belle voiture, mais qu'est-ce que ça peut faire ? Je vais avoir le plaisir de fumer cette délicieuse cigarette. »

Le tabac n'atténue pas la douleur dans les situations difficiles, il ajoute simplement une angoisse supplémentaire.

## Les retrouvailles

Votre amie et vous avez pris l'habitude de vous retrouver autour d'un verre et de quelques cigarettes pour évoquer le bon vieux temps et prendre de vos nouvelles respectives. Mais comment les choses pourraient-elles être pareilles sans cigarette ? Préparez-vous à de telles situations. N'oubliez pas que même si votre amie essaie de vous convaincre du contraire, elle rêve d'être libre, comme vous. Votre réussite pourrait être la clé qui va elle aussi la libérer. Imaginez la satisfaction que vous ressentiriez !

*« Le véritable malheur est la sensation que vous avez besoin d'une cigarette. »*

Attendez-vous à vous retrouver dans des situations où vous serez confrontée à de vieilles associations. Lorsque la sonnette d'alarme retentit, renforcez votre décision en comprenant que votre première réaction – « Je veux une cigarette » – n'est rien de plus qu'un réflexe conditionné, comme si vous gariez votre voiture à votre ancienne place.

Les fumeuses ont tendance à mettre l'accent sur les aspects négatifs liés à l'impossibilité de fumer. Nous ne pouvons imaginer pouvoir supporter ou apprécier certaines situations sans une cigarette.

C'est parce que nous associons le mal-être avec l'absence de cigarette. La peur de nous sentir mal pour toujours dans TOUTES les situations suffit à empêcher qui que ce soit d'envisager même d'arrêter de fumer.

## N'OUBLIEZ PAS

Vous n'allez pas être malheureuse
Vous allez vous sentir

## LIBRE

*Vous n'êtes pas obligée d'attendre d'être non-fumeuse, ni même d'endurer une période de souffrance.*

Ce n'est pas seulement le « petit monstre » qui déclenche l'envie de fumer. N'importe quelle association que nous venons d'évoquer suffit.

Il doit être clair dans votre esprit que toutes ces choses que vous associez à la cigarette étaient agréables en elles-mêmes avant que vous ne commenciez à fumer, et elles le seront à nouveau.

N'oubliez pas que votre dépendance au tabac avait plutôt tendance à gâcher ces moments parce que vous avez acquis des comportements dont seuls les toxicomanes souffrent.

Si le tabac avait tous les pouvoirs que lui attribuent les fumeurs, jusqu'à votre dernière cigarette, vous auriez été :

**TOUJOURS détendue**

**JAMAIS stressée**

**JAMAIS en proie à l'ennui**

**CAPABLE de vous concentrer à tout instant**

***« Je commence à être vraiment excitée à l'idée d'arrêter. Je peux éteindre ma cigarette maintenant ? »***

Qui a donné naissance à l'idée que quelque chose manquait à notre bonheur et à notre épanouissement ?

La sixième raison – et la plus importante – pour laquelle les fumeuses échouent la première fois qu'elles ont recours à *La Méthode simple* est ce que nous appelons Le Vide.

# CHAPITRE 21

## *Le Vide*

Combien de fois avez-vous entendu cette phrase : « L'enfance est la plus belle période de la vie » ? Essayez de dire cela à une jeune fille en train de passer des examens tout en étant confrontée aux changements physiques de l'adolescence, à l'évolution de ses relations avec ses parents, et aux pressions sociales liées à ses relations amicales et amoureuses.

Tous les stades de la vie ont leur lot de stress et de tensions, dès l'instant de notre naissance, puis tout au long de notre existence. Nous avons toujours la nostalgie d'une période révolue, où la vie nous semblait bien plus facile.

Pourquoi ?

Parce que nous sommes programmés pour ressentir qu'il manque quelque chose dans notre vie, ce qui nous donne une impression d'incomplétude :

**Le Vide**

### Qu'est-ce que « Le Vide » ?

C'est la croyance selon laquelle, quel que soit notre niveau d'évolution sur la planète, nous sommes toujours incomplets.

Le Vide est amplifié par le lavage de cerveau et le désenchantement.

La vie est une suite de désillusions :

*

Les contes de fée n'existent pas

*

Les parents ne sont pas infaillibles

*

Les gens peuvent être cruels

*

Les héros peuvent échouer

*

Et ainsi de suite...

Chaque désillusion laisse un vide, nous cherchons donc en permanence le miracle qui nous donnera un sentiment de plénitude.

Et c'est là que l'industrie du tabac intervient.

## Nous ne cessons de nous duper nous-mêmes

Sachant que les gens cherchent sans cesse à acquérir des stimulants, les fabricants de cigarettes ont recruté d'éminents psychanalystes pour travailler en étroite collaboration avec leurs départements marketing pour correspondre aux désirs de leurs clients potentiels. Et ce processus est encore à l'œuvre car les cigarettiers parviennent encore à prendre au piège de nouvelles générations de fumeurs. Et bien sûr, les adolescentes sont une de leurs cibles prioritaires.

Le marché de l'industrie du tabac a révélé que les femmes semblent moins influencées par les campagnes publicitaires antitabac, principalement parce qu'elles sont perçues comme étant destinées aux hommes.

- Dans les années 1960, 60 % des hommes fumaient contre 40 % des femmes.
- Depuis, la tendance est à la parité.
- En 1998, 28 % des hommes et 27 % des femmes étaient fumeurs.

Les fabricants de cigarettes ont fait des femmes leur nouvelle cible, et la proportion des femmes qui fument est maintenant équivalente à celle des hommes.

Parmi les adolescentes, le taux de fumeuses est en rapide expansion, et, dans certains pays, elles sont plus nombreuses que les garçons à tomber dans le piège.

L'industrie du tabac considère les femmes comme un marché distinct à conquérir et une grande partie de leur budget de publicité et de marketing leur est destinée. Et des recherches de très grande ampleur ciblent désormais ce marché.

*« Parfois, il vaut mieux ne pas rivaliser avec les hommes ! »*

## L'option « saine »

Si vous fumez des cigarettes « light », vous vous êtes bien fait avoir. Elles étaient destinées aux personnes soucieuses de leur santé et destinées à réduire l'aspect nocif, donnant ainsi à la fumeuse une raison en apparence légitime de ne pas arrêter. Les industriels reconnaissent eux-mêmes que ce n'est rien d'autre qu'une arnaque. Les fumeuses inhalent plus profondément et plus souvent. Il a d'ailleurs été prouvé qu'au final elles étaient tout aussi toxiques que les autres.

## Comment l'industrie du tabac vous perçoit

Le tableau ci-dessous montre la façon dont les fabricants de cigarettes ont psychanalysé le marché féminin pour mieux le comprendre et le cibler. Vous n'aurez aucun mal à vous reconnaître dans une de ces catégories.

## Les femmes vues par l'industrie du tabac

Ces informations proviennent d'une étude menée par un des principaux fabricants de tabac, intitulée « Segmentation structurelle et psychologique du marché féminin adulte. »

### FEMMES ACTIVES

**La femme qui fait carrière**

(par choix/investie)

Engagement unique → Elle peut être :

Double engagement → Épouse / Mère / Famille → Elle peut être :

Satisfaite
ou
Excédée
ou
en proie au doute et à l'insécurité

**La femme qui a un emploi alimentaire**

(par nécessité/non investie)

Engagement unique → Elle peut être :

Double engagement → Épouse / Mère / Famille → Elle peut être :

En quête d'occupation
ou
Contrariée de devoir travailler

### La femme qui ne travaille pas

**La mère de famille**

(18-30 ans)*

Jeune mère épanouie → Trop occupée pour se poser des questions

Mère exaspérée/ frustrée/ résignée → Se sent débordée et insatisfaite

**La maîtresse de maison**

(+ de 30 ans)

Aime son rôle et l'accepte → S'est adaptée/ résignée à son rôle (léger conflit)

Aime son rôle mais est sur la défensive → S'est adaptée/ résignée à son rôle (léger conflit)

**La ménagère**

(+ de 30 ans)

Passive Complexée (se réfugie chez elle) → Se sent prise au piège A peur du changement

Frustrée/ Excédée → Se sent prise au piège Peut changer de vie

* Ces pages n'ont qu'une valeur indicative. Entre 18 et 30 ans, les femmes au foyer sans enfant sont de plus en plus rares.

Les fabricants de cigarettes ont même créé des produits spécifiquement destinés aux femmes à faibles revenus. Quoi de mieux qu'un peu de papier doré pour vous donner une illusion de luxe et de richesse ?

Vous pouvez maintenant utiliser cette information pour renforcer la nouvelle perception que vous avez des cigarettes et éviter de retomber dans le piège si bien illustré par ce tableau.

Vous savez à quoi ressemble la vie d'une fumeuse, vous l'avez vécue et avez souhaité vous en échapper. C'est pour cela que vous lisez ce livre. Lorsque vous êtes fumeuse, les choses ne s'arrangent jamais, elles ont plutôt tendance à empirer. Si vous détestez la situation dans laquelle vous vous trouvez maintenant, cela ne changera pas.

**Si vous pouviez remonter le temps jusqu'à cette première cigarette, quel conseil vous donneriez-vous ? Sans l'ombre d'un doute, vous crieriez : « Ne le fais pas ! »**

Vous serez bientôt dans une situation unique, ce sera l'instant où vous éteindrez votre dernière cigarette, mettrez un terme à votre cauchemar et serez enfin libre. Vous reviendrez au temps où vous pouviez profiter de la vie, comme si vous n'aviez jamais allumé votre première cigarette. Avec tout ce que vous savez maintenant, vous pouvez vous donner le meilleur conseil. En tout cas, vous pouvez faire un choix averti.

VOUS POUVEZ RESTER PRISONNIÈRE

POUR LE RESTANT DE VOS JOURS,

IGNORANT LA RÉALITÉ 99 % DU TEMPS

ET SACHANT COMBIEN VOUS ÊTES MAHEUREUSE

ET LE SEREZ TOUJOURS

ou

**VOUS POUVEZ VOUS LIBÉRER ET SAVOURER LA JOIE DE VOTRE LIBERTÉ RETROUVÉE**

Les êtres humains sont les créatures les plus complètes, physiquement et mentalement, qui existent sur Terre. Le sentiment d'incomplétude qui nous tiraille sans cesse est seulement le résultat du lavage de cerveau et cette fonction n'existe que chez l'humain, elle est rendue possible par notre esprit.

Tout comme le pouvoir de la raison peut être utilisé pour nous donner l'illusion que nous désirons des choses dont nous n'avons pas besoin ou qui nous sont néfastes, nous pouvons nous en servir pour nous prémunir contre le lavage de cerveau.

En fait, l'illusion est d'autant plus puissante qu'elle est employée en notre faveur. Une fois que vous avez percé le mécanisme d'une illusion, vous ne pouvez plus vous laisser duper.

Tout aussi rapidement que vous vous adaptez aux changements de notre nouvelle voiture, vous pouvez inverser l'habitude de considérer que la cigarette soulage le sentiment de vide et d'éprouver un sentiment de privation parce que vous ne pouvez en fumer une.

**Vous n'avez plus besoin ni envie de fumer. Et vous n'avez besoin de rien pour remplacer les cigarettes.**

Cela nous ramène au questionnaire et à l'Illusion numéro 16 : Les chewing-gums, les patchs et les sprays nous aident-ils à arrêter de fumer ?

Laissez-moi vous expliquer pourquoi tous les substituts rendent le sevrage plus difficile.

### La démangeaison sans fin

Depuis le jour où vous avez fumé votre première cigarette, vous avez essayé de combler un manque créé artificiellement par cette cigarette, sans prendre conscience que, loin de combler ce vide, elle le comble de façon partielle, créant ainsi un nouveau manque.

# CHAPITRE 22

## *Les substituts*

Concentrons-nous sur notre objectif : ne plus jamais éprouver le besoin ou l'envie de fumer une cigarette. Vous pensez peut-être encore qu'il est difficile de parvenir à cet état. Je vous promets qu'il n'y a rien de plus simple, tant que vous suivrez mes instructions.

Une de ces instructions est de n'avoir recours à aucun substitut.

Si vous cherchez un substitut, c'est une façon de vous dire : « Je sais que le tabac me ruine la santé et j'aimerais être débarrassée de cet aspect des choses, mais c'est aussi mon plaisir et mon soutien et j'ai besoin de quelque chose pour le remplacer. »

En disant cela, vous ne faites que confirmer que vous croyez être dépendante à cette drogue.

Lorsque vous vous remettez d'une grippe, cherchez-vous une autre maladie pour la remplacer ? Bien sûr que non. Vous êtes seulement soulagée d'être guérie. Maintenant, relisez la définition de « Dévastation » au chapitre 6, c'est la maladie dont vous avez souffert.

Plus vite vous condamnerez le « petit monstre » à la famine, plus vite vous vous débarrasserez du « grand monstre », et mieux vous vous porterez. Heureusement, le « grand monstre » n'est que le produit de votre imagination et le « petit monstre » est faible.

Tous les substituts ont pour objectif de prolonger la vie du « grand monstre ». Les substituts qui contiennent de la nicotine, comme les chewing-gums, les patchs ou les sprays, ont le désavantage supplémentaire de prolonger la vie du « petit monstre ».

Voici la théorie qui sous-tend l'usage des substituts – voyons si vous êtes capable de repérer ses failles.

*Lorsque vous essayez de « renoncer » au tabac, vous devez vaincre deux puissants adversaires. Il y a d'une part les horribles souffrances physiques provoquées par les symptômes de manque de nicotine, et d'autre part la force de l'habitude. N'est-il pas tout à fait rationnel de s'attaquer à un seul adversaire à la fois ?*

*Alors, après avoir éteint ce que vous espérez être votre dernière cigarette, tandis que vous êtes en train de rompre avec l'habitude, vous donnez à votre organisme sa dose de nicotine pour éviter les terribles symptômes de manque. Puis, une fois que vous avez rompu avec l'habitude, vous pouvez affronter le second adversaire et atténuer le problème en réduisant peu à peu les doses de nicotine.*

J'ai demandé à une dizaine de médecins : « Comment peut-on aider un malade à guérir en lui prescrivant la drogue à laquelle il est dépendant ? » Non seulement aucun d'eux ne m'a apporté de réponse, mais il ne leur est pas non plus venu à l'esprit que c'était ce qu'ils faisaient !

Le recours aux substituts thérapeutiques peut sembler logique à première vue, mais il repose sur de fausses hypothèses :

1. Le tabagisme est une habitude.
2. Les habitudes sont difficiles à rompre.
3. Le manque de nicotine provoque de terribles souffrances physiques.

Nous avons déjà fait voler en éclats ces hypothèses.

Conseiller à une fumeuse de ne pas fumer mais de mâcher un chewing-gum qui contient de la nicotine revient à demander à une héroïnomane de s'injecter sa drogue en intraveineuse ou lieu de la fumer !

Le terme mêmes de substitut thérapeutique est impropre, car il n'y a ni thérapie ni substitution.

***« Quand j'arrêterai, tu arrêteras avec moi ? Nous serons tous deux bien plus heureux, tu sais. »***

Il y a des dizaines d'anciens fumeurs qui viennent dans nos centres pour se sevrer de leur dépendance aux chewing-gums à la nicotine.

Que cherchons-nous avec les substituts ? Quelque chose qui présente tous les avantages du tabagisme sans les inconvénients ? Un remède magique qui nous aide à lutter contre l'ennui et améliore notre concentration, qui nous stimule et nous détende à la fois ?

Ben voyons ! Croyez-vous encore au Père Noël ? N'est-ce pas pour cette raison que nous êtes tombée dans le piège en premier lieu ?

Votre corps et votre cerveau n'ont besoin d'aucune aide extérieure. Ils n'élimineront pas le stress d'un coup de baguette magique – pas plus que la cigarette – mais ils

Tandis que les produits tels que la cigarette électronique et autres produits contenant de la nicotine sans fumée se développent de plus en plus, ne croyez pas qu'ils soient préférables aux substituts thérapeutiques ni même au tabac. Ils continueront à entretenir votre dépendance, à contrôler votre vie, à vous appauvrir et à détruire votre santé.

vous fourniront l'adrénaline nécessaire pour affronter le stress et la dopamine pour vous détendre et vous apporter une sensation de bien-être une fois le danger passé.

Il ne nous reste donc plus que les quatre dernières illusions mentionnées dans le questionnaire :

17. Faut-il de la volonté pour arrêter ?
18. Est-il nécessaire de souffrir des symptômes du manque ?
19. Les anciennes fumeuses doivent-elles nécessairement traverser une période de manque et d'irritabilité ?
20. Est-il difficile d'arrêter ?

Nous avons déjà abordé en partie ces quatre questions. Et la réponse à chacune d'elles est clairement « Non ! », dans la mesure où vous avez suivi toutes les instructions.

Vous avez maintenant atteint le stade le plus excitant de cette aventure. Vous êtes sur le point d'atteindre votre but.

Vous sentez-vous un peu nerveuse et fébrile ?

Ne vous inquiétez pas. Il ne vous reste plus qu'à suivre les dernières instructions.

# CHAPITRE 23

## *Ultimes recommandations*

Avant de passer aux dernières recommandations, il y a un point important que nous n'avons pas abordé : le TIMING.

Vous vous demandez peut-être : « Est-ce vraiment le bon moment pour arrêter de fumer ? » Je vous en prie, ne tombez pas dans ce piège ingénieux. Il vous donnera l'impression que ce n'est jamais le bon moment.

Supposons qu'une personne souffre d'une maladie qui s'aggrave lentement au fil du temps et qu'il existe un remède simple et bon marché. Quand lui recommanderiez-vous de commencer le traitement ? Vous ne vous poseriez même pas la question. La réponse est évidente : TOUT DE SUITE !

Le seul risque que vous couriez, c'est que quelque chose de merveilleux vous arrive.

**FONCEZ !**

Pouvez-vous imaginer
qu'Edmund Hillary, arrivé
à 30 mètres du sommet
de l'Everest, se soit arrêté
pour réfléchir, avant de conclure :
« Je devrais peut-être attendre
l'année prochaine » ?

Très bientôt, vous allez entreprendre le rituel de la dernière cigarette. Avant cela, il est impératif que vous compreniez le principe fondamental de *La Méthode simple* : le tabac ne vous apporte aucune forme de plaisir ni de soutien.

*Le tabac n'apporte aucun plaisir ni aucun soutien.*

Je ne veux pas dire par là qu'il y a des inconvénients à être fumeuse, qui l'emportent sur les avantages. N'importe quelle fumeuse sait cela.

**Je veux dire que fumer ne présente AUCUN avantage.**

De plus, vous devez comprendre que cela s'applique à toutes les fumeuses, et non à vous seulement.

Si ces deux points ne sont pas clairs dans votre esprit, relisez le livre et n'essayez pas d'arrêter tant que ce ne sera pas une évidence pour vous. Si vous continuez à éprouver des difficultés, vous pouvez obtenir de l'aide auprès des centres Allen Carr (voir la liste à la fin du livre).

*Fumer est une perte de temps. Être fumeuse ne présente aucun avantage.*

Les membres de mon équipe se feront toujours un plaisir de vous conseiller gratuitement ou d'apporter leur aide aux personnes qui ont lu un de mes livres.

Si vous avez essayé d'arrêter par le passé et que vous avez trouvé cela difficile ou impossible, vous n'êtes peut-être pas prête à accepter d'emblée que n'importe quelle fumeuse puisse trouver cela facile et agréable.

La preuve est dans le résultat – et certaines personnes ne croient que ce qu'elles voient ! Voici mes ultimes recommandations :

**1. Soyez attentive à votre état d'esprit.**

N'oubliez pas que la véritable différence entre une fumeuse et une non-fumeuse n'est pas que l'une fume et l'autre pas. C'est que la non-fumeuse n'a aucune envie ou besoin de fumer – ni aujourd'hui, ni demain, ni jamais.

Si vous avez du mal à vous faire à l'idée que vous ne fumerez plus jamais, essayez de penser aux alternatives et analysez ce que vous ressentez :
- Soit vous devrez lutter contre l'envie de fumer pour le restant de vos jours,
- Soit vous ne pourrez jamais arrêter.

Il est essentiel que vous commenciez – et continuiez – dans la bonne humeur, et que vous considériez le tabac pour ce qu'il est réellement (une drogue portant le nom de Dévastation). Vous devez prendre conscience que vous êtes sur le point d'accomplir quelque chose de merveilleux.

**Vous allez vous libérer de la dépendance à la nicotine.**

**2. Prenez la ferme décision d'arrêter.**

Vous n'avez jamais décidé de devenir fumeuse pour le reste de votre vie. Comme toutes les autres fumeuses, vous avez été attirée dans un piège. Et vous ne vous en échapperez pas en espérant qu'un beau jour vous serez délivrée comme par magie. Vous devez prendre la ferme décision de vous échapper.

*Il est inutile de peser le pour et le contre.*

La décision que vous devez prendre n'est pas de simplement décider d'arrêter de fumer. Un merveilleux choix s'offre à vous : allez-vous rester prise au piège pour le restant de vos jours ou vous en libérer ?

Il est inutile de peser le pour et le contre, puisque fumer ne présente absolument aucun avantage. Et les inconvénients sont si épouvantables qu'une fois que nous sommes dépendants, il nous est insupportable de regarder les choses en face.

**Je veux à présent que vous fassiez un serment solennel : une fois le rituel de votre dernière cigarette achevé, quoi qu'il se passe dans votre vie, vous ne fumerez plus jamais.**

3. **Maintenant que vous avez pris ce que vous savez être la bonne décision, ne la remettez jamais en question.**

Si vous n'avez pas fumé depuis plusieurs jours, confirmez-vous simplement que vous avez déjà fumé votre dernière cigarette. Si vous avez recours à un produit à base de nicotine, l'heure de votre dernière bouffée ou de quoi que ce soit d'autre est arrivée !

Nous avons subi un lavage de cerveau depuis notre naissance, qui nous a poussés à considérer le tabac comme un plaisir et un soutien. Votre perception du tabac a été faussée. Elle peut l'être à nouveau mais les faits, eux, n'ont jamais changé. Fumer n'est rien d'autre que la dépendance à une drogue nommée Dévastation.

Si vous vous permettez de douter de votre décision, vous ne vous laissez que deux choix possibles :

1. Résister à la tentation de fumer et vous sentir privée et malheureuse.
2. Continuer à être esclave de la nicotine et vous sentir encore plus mal.

Autorisez-vous un troisième choix :

3. Accepter que vous avez subi un lavage de cerveau et vous réjouir que maintenant que vous avez compris le mécanisme du piège, vous savez que le tabac ne vous apporte absolument rien. Et chaque fois que vous pensez au tabac, délectez-vous de ce savoir et de la prise de conscience que vous êtes libre.

**Vous avez accompli le rêve de tous les fumeurs de la planète.**

***Votre perception du tabac a été faussée et elle peut l'être à nouveau.***

## LE RITUEL DE VOTRE DERNIÈRE CIGARETTE

Vous vous êtes préparée à cet instant pendant toute votre vie de fumeuse : éteindre une cigarette. Vous avez entrepris d'accomplir une chose considérée comme très difficile par la société et qui semble impossible à certains fumeurs. Mais à ce stade, vous n'êtes pas seulement proche de la réussite, vous avez déjà atteint votre objectif.

Le rituel de la dernière cigarette ressemble à la consécration de la cérémonie des Oscars. Un Oscar aurait-il autant d'importance sans la cérémonie ?

Considérez le rituel de la dernière cigarette pour ce qu'il est réellement : une cérémonie qui vous est dédiée pour célébrer votre libération et votre évasion d'un esclavage cauchemardesque : la dépendance à la nicotine.

*« Je peux vraiment y arriver. Je ne fumerai plus jamais ! »*

Vous pouvez, bien sûr, choisir d'accomplir cette cérémonie en compagnie de vos proches et de vos amis. Mais il est possible que vous préfériez l'accomplir en privé.

Pour celles d'entre vous qui ont suivi mes instructions et ont continué à fumer jusqu'à maintenant, **J'AIMERAIS À PRÉSENT QUE VOUS FUMIEZ VOTRE DERNIÈRE CIGARETTE**.

Si vous avez déjà fumé votre dernière cigarette, que cela ne vous empêche pas de célébrer votre réussite. En fait, il est primordial que vous le fassiez, même si vous avez déjà une longueur d'avance.

Quelle que soit la façon dont vous accomplirez votre rituel, dites-vous bien que vous êtes en train de fumer votre dernière cigarette.

Ayez conscience que son goût n'a rien de plaisant et qu'il est franchement désagréable d'inhaler des fumées cancérigènes.

Sachez que si vous décidez d'accomplir la cérémonie seule, vos proches et amis seront là pour vous soutenir.

En fait, tous les fumeurs de la planète vous encourageront, parce que chaque fois que quelqu'un comme vous s'échappe du piège, cela donne de l'espoir à tous ceux qui sont restés sous son emprise.

**Une cigarette agréable**

Contrairement à tout ce que j'ai dit jusque-là, il est possible de prendre plaisir à fumer une cigarette et même d'éprouver une sorte d'extase – dans la mesure, bien sûr, où vous comprenez que c'est votre dernière cigarette !

Une fois que vous avez éteint votre dernière cigarette, prenez conscience que vous êtes déjà une non-fumeuse. Tout ce qu'il vous reste à faire à partir de maintenant, c'est d'accepter que les fumeuses, les non-fumeuses et les anciennes fumeuses ont toutes des bons et des mauvais jours.

Attendez-vous à vous sentir un peu désorientée pendant quelques jours, mais ne vous inquiétez pas : c'est simplement le signe que vous êtes en train de guérir.

Tout ce que vous aurez à faire à partir de là, lorsque vous penserez au tabac, lorsque vous aurez une bonne ou une mauvaise journée est de ne pas remettre en question votre décision. Pensez plutôt :

**HOURRA ! JE SUIS UNE NON-FUMEUSE !**

Suivez simplement toutes les instructions et d'ici quelques jours, vous aurez la joie de vivre une merveilleuse expérience :

**LE « MOMENT DE RÉVÉLATION »**

Le piège insidieux vous a conditionnée à croire que tout sentiment de vide ou d'insécurité peut être partiellement soulagé en fumant une cigarette. L'objectif de *La Méthode simple* est de vous aider à comprendre que c'est tout le contraire qui est vrai. Il faut du temps pour s'adapter à cette vérité.

Le « moment de révélation » est comparable à ce que vous ressentez la première fois que vous nagez sans bouée, que vous apprenez à faire du vélo seule ou obtenez votre permis de conduire. La véritable joie ressentie dans ces moments vient du sentiment de liberté nouvellement conquise.

Le « moment de révélation » apporte une joie bien plus grande encore.

Ce moment particulier se produit en général quelques jours après l'arrêt du tabac, après une de ces situations que vous ne pensiez pas pouvoir affronter sans une cigarette. Ensuite, vous vous apercevez que non seulement vous avez traversé l'événement sans éprouver le besoin d'une cigarette, mais qu'en plus vous n'y avez même pas pensé !

Puis vous prenez conscience que tout ce que je vous ai dit est vrai :

- Les sorties peuvent être plus agréables.
- Vous êtes mieux armée pour faire face au stress.
- Vous n'êtes pas forcée de passer le reste de votre vie en vous disant que vous passez à côté de quelque chose.
- L'expression « Fumeur un jour, fumeur toujours » est une ineptie.

***Ensuite, vous vous apercevez que vous n'avez même pas pensé au tabac !***

> Tout comme la tentative de ne pas penser au tabac est vouée à l'échec, essayer de créer le « moment de révélation » est la garantie de ne jamais l'atteindre.

Les fumeuses qui ont recours à la méthode fondée sur la « volonté » connaissent rarement ce « moment de révélation » car elles sont rarement sûres de leur succès.

Si votre objectif consiste à arrêter de fumer pendant une semaine ou un an, vous ne pouvez pas savoir si vous avez réussi tant que la semaine ou l'année ne sont pas écoulées.

De même, si votre objectif est de ne plus jamais fumer, vous ne saurez pas si vous avez réussi jusqu'à votre dernier souffle. Vous ne le saurez donc jamais.

En quoi *La Méthode simple* est-elle différente ?

Parce que vous comprenez la nature du piège.

Vous êtes déjà une non-fumeuse. Le cauchemar est terminé. L'objectif principal de ce livre n'était pas de vous aider à arrêter de fumer, mais de vous permettre de mieux apprécier la vie. Alors, profitez-en !

> Ne vous inquiétez pas si vous ne faites pas rapidement l'expérience du « moment de révélation ». Si vous avez suivi toutes les instructions, vous êtes déjà une non-fumeuse épanouie.

**_Arrêter de fumer vous inspirera une grande confiance en vous._**

Une petite minorité d'anciennes fumeuses trouvent assez facile d'arrêter avec *La Méthode simple* et sont heureuses de rester non-fumeuses, mais elles ne connaissent pas le « moment de révélation ». C'est parce qu'elles n'ont pas suivi l'ensemble des instructions.

Elles n'ont pas rompu toutes les associations.

Arrêter de fumer est considéré comme un objectif extrêmement difficile à atteindre. Une fois que vous y êtes parvenue, cela vous inspire une vraie confiance en vous, qui vous permet d'affronter et de contrôler des aspects de votre vie qui étaient auparavant une source d'inquiétude.

C'est un des principaux avantages que vous apportera votre victoire sur la nicotine.

# CHAPITRE 24

## *Comment rester toute votre vie une non-fumeuse épanouie ?*

Le plus tragique avec *La Méthode simple*, ce n'est pas l'échec initial, mais la réussite, suivie d'une rechute. Ce dernier chapitre est destiné à faire en sorte que cela ne vous arrive pas.

Si *La Méthode simple* a un point faible, c'est la tentation de devenir blasé. Parce que cela rend l'arrêt du tabac si facile, les patients peuvent devenir trop confiants.

Une fois arrivée à la fin de ce livre, la fumeuse sait qu'il y a de très bonnes raisons, et elles sont nombreuses, de ne jamais se remettre à fumer et aucune raison valable de continuer à le faire. Mais au fil du temps, les mauvais côtés sont oubliés.

Je voulais que vous écriviez votre « journal de bord » pour que vous puissiez vous y reporter de temps à autre et vous rappeler pourquoi il est extraordinaire d'être libre.

Le danger ne se situe pas tant dans les premiers jours, quand vous vous rappelez à quel point vous détestiez être fumeuse. Une des bontés de la Nature est de nous permettre de nous souvenir des bons moments et d'oublier les mauvais. Hélas, cela peut se retourner contre nous. N'oubliez jamais à quel point le tabac est une chose horrible.

Assurez-vous de noter ce que vous ressentez lorsque vous atteignez le « moment de révélation ».

À moins de vous être totalement débarrassée du lavage de cerveau et qu'il soit clair dans votre esprit que vous n'avez ni besoin ni envie de fumer, vous resterez vulnérable et risquerez de rechuter.

Il est facile d'arrêter facilement et de façon permanente, mais ne sous-estimez jamais l'ingéniosité du piège. Vous avez fait le vœu solennel de ne plus jamais fumer une autre cigarette. L'instruction la plus importante de *La Méthode simple* est :

**APRÈS AVOIR PRIS CE QUE VOUS SAVEZ ÊTRE LA BONNE DÉCISION, NE LA REMETTEZ JAMAIS EN QUESTION**

Chaque fois que vous penserez au tabac à partir de maintenant et pour le reste de votre vie, rappelez-vous :

**HOURRA ! JE SUIS NON-FUMEUSE !**

Tout comme le succès initial est garanti, dans la mesure où vous suivez toutes les instructions, le succès définitif est donc lui aussi garanti. Toute personne qui ne réussit pas à arrêter initialement ou de façon permanente avec *La Méthode simple* n'échoue pas parce que la méthode n'est pas efficace sur elle, mais parce qu'elle n'a pas réussi à suivre toutes les instructions.

Si vous rencontrez un problème, que ce soit maintenant ou à l'avenir, référez-vous aux « Instructions principales à suivre en lisant ce livre » (ci-dessous).

Lisez-les maintenant de façon attentive. Ne vous contentez pas de passer de l'une à l'autre en vous disant : « Oui, c'est évident. » Vous vous êtes donné assez de mal pour arriver jusqu'ici, il serait dommage de tout compromettre en vous montrant blasée.

Considérez chaque point avec attention. Demandez-vous : Est-ce que je crois réellement cela ? Est-ce que je le comprends vraiment ?

Félicitations ! Vous vous êtes libérée du piège de la nicotine. Vous êtes maintenant une non-fumeuse épanouie.

**AMUSEZ-VOUS BIEN !**

## Les principales instructions à suivre en lisant ce livre

1. Gardez l'esprit ouvert (page 68).
2. Restez de bonne humeur (page 69).
3. N'essayez pas d'arrêter ni de réduire votre consommation avant d'avoir fini ce livre (page 70).
4. Soyez patiente : ne brûlez pas les étapes (p. 70).
5. Tenez un journal de bord (page 71).

## INSTRUCTIONS À SUIVRE POUR EN FINIR FACILEMENT ET DÉFINITIVEMENT AVEC LA CIGARETTE

1. Conservez ce livre à portée de main pour pouvoir vous y référer facilement. Ne le perdez pas, ne le prêtez pas, ne le donnez pas.
2. N'oubliez jamais que fumer n'apporte absolument aucun avantage, ni à vous ni à personne.
3. N'enviez jamais les autres fumeurs. Ce sont eux qui vous envient. Vous ne vous privez de rien. Eux, si.
4. N'oubliez pas que nous n'aimiez pas être une fumeuse. C'est pour cela que vous avez arrêté. Vous appréciez être une non-fumeuse.
5. Sachez que le « petit monstre » survivra pendant quelques jours et que vous vous surprendrez peut-être à tendre machinalement la main vers un paquet de cigarettes. Si cela se produit, ne vous inquiétez pas. Mettez ce moment à profit pour vous rappeler combien il est agréable d'être libre.
6. N'oubliez pas que la possibilité de fumer « juste une cigarette » est une vue de l'esprit.
7. Prenez plaisir à briser les associations. Recherchez-les pour les détruire.
8. N'ayez pas recours aux substituts – vous n'en avez pas besoin.
9. Acceptez que vous aurez de bons et de mauvais jours, mais n'oubliez jamais que les bons jours seront plus

agréables et les mauvais deviendront peu à peu moins pénibles et plus rares.

**10.** N'évitez pas les situations à risque et ne changez pas votre façon de vivre uniquement parce que vous avez arrêté de fumer. N'oubliez pas : vous avez arrêté de fumer, pas de vivre !

11. N'essayez pas de réduire ni de contrôler votre consommation.

12. Relisez votre livre de bord personnel. Gardez-le à portée de main pour pouvoir le consulter de temps à autre.

13. Ignorez les conseils d'amis ou d'« experts » s'ils contredisent ces instructions, même si ce sont des personnages éminents ou s'ils vous semblent impressionnants.

14. N'attendez pas le « moment de révélation » ni de sentir que vous êtes devenue non-fumeuse – vous l'êtes déjà. Vivez pleinement votre vie.

15. Si vous éprouvez des difficultés, contactez le centre Allen Carr le plus proche de chez vous. Vous trouverez une liste dans les pages qui suivent.

16. N'essayez pas de chasser la cigarette de votre esprit. Chaque fois que vous y penserez, dites-vous : « Hourra ! Je suis une non-fumeuse ! »

**17. ET SURTOUT, APRÈS AVOIR PRIS CE QUE VOUS SAVEZ ÊTRE LA BONNE DÉCISION, NE LA REMETTEZ JAMAIS EN QUESTION.**

# Les centres Allen Carr

La liste suivante indique les pays dans lesquels les centres Allen Carr sont opérationnels au moment de l'impression de ce livre.

Reportez-vous à l'adresse internet www.allencarr.com pour obtenir la dernière édition de cette liste.

Le taux de réussite dans nos centres dépasse les 90 %, et nous vous remboursons si vous n'êtes pas satisfaite au bout de trois mois.

Certains centres proposent des séances pour en finir avec l'alcool, les drogues et les problèmes de poids.

Pour plus d'informations, adressez-vous au centre le plus proche de chez vous.

*La Méthode simple* vous garantit que vous arrêterez de fumer facilement dans nos centres, et dans le cas contraire, vous serez remboursée.

## REJOIGNEZ-NOUS !

Les centres Allen Carr se sont développés à travers le monde à une vitesse incroyable et leur succès est grandissant. Notre réseau couvre maintenant plus de 150 villes à travers plus de 45 pays. Cet incroyable développement s'est fait de façon tout à fait naturelle. Les anciens fumeurs, tout comme vous, étaient si impressionnés par la facilité avec laquelle ils ont arrêté que cela les a encouragés à nous contacter pour voir comment ils pouvaient apporter *La Méthode simple* dans leur région.

Si vous avez vous aussi envie de nous rejoindre, contactez-nous pour plus d'informations pour devenir un franchisée de *La Méthode simple pour arrêter de fumer* ou *La Méthode simple pour en finir avec l'alcool* d'Allen Carr.

Contactez-nous par email : **join-us@allencarr.com**, en précisant vos nom, adresse et région de prédilection.

## SOUTENEZ-NOUS !

Ne nous envoyez pas d'argent !

Vous venez d'accomplir une chose merveilleuse. Chaque fois que nous apprenons que quelqu'un a réussi à s'échapper d'un navire en train de couler, nous ressentons une énorme satisfaction.

Nous aurons beaucoup de plaisir à entendre que vous vous êtes libérée de l'esclavage de la dépendance, alors n'hésitez pas à vous rendre sur la page internet suivante pour nous raconter votre réussite et inspirer d'autres personnes à suivre vos pas et apprendre comment vous pouvez transmettre le message.

www.allencarr.com/444/support-us

Vous pouvez aussi « liker » notre page Facebook :

www.facebook.com/AllenCarr

Ensemble, nous pouvons aider Allen Carr dans sa mission : guérir le monde de la dépendance.

**FRANCE**
Des séances sont organisées partout en France
Numéro vert gratuit : 0800 FUMEUR
Tel : 04 91 33 54 55
Email : info@allencarr.fr
Website : www.allencarr.com

**CENTRE INTERNATIONAL ALLEN CARR**
Park House, 14 Pepys Road, Raynes Park, London SW20 8NH
Tel : +44 (0)20 8944 7761
Fax : +44 (0)20 8944 8619
Email : mail@allencarr.com
Website : www.allencarr.com
Thérapeutes : John Dicey, Colleen Dwyer, Crispin Hay, Emma Hudson, Rob Fielding, Sam Carroll, Sam Bonner

**Bureau de presse internationnal**
Contact : John Dicey
Tel : +44 (0)7970 88 44 52
Email : media@allencarr.com

**Informations et réservations au Royaume-Uni**
Tel : 0800 389 2115

**ROYAUME-UNI**
**Belfast**
Tel : 0845 094 3244
Thérapeute : Tara Evers-Cheung
Email : tara@easywayni.com
Website : www.allencarr.com

**Birmingham**
Tel & Fax : +44 (0)121 423 1227
Thérapeutes : John Dicey, Colleen Dwyer, Crispin Hay, Rob Fielding, Sam Carroll
Email : info@allencarr.com
Website : www.allencarr.com

**Bournemouth**
Tel : 0800 028 7257
Thérapeutes : John Dicey, Colleen Dwyer, Emma Hudson, Sam Carroll
Email : info@allencarr.com
Website : www.allencarr.com

**Brighton**
Tel : 0800 028 7257
Thérapeutes : John Dicey, Colleen Dwyer, Emma Hudson, Sam Carroll
Email : info@allencarr.com
Website : www.allencarr.com

**Bristol**
Tel : +44 (0)117 950 1441
Thérapeute : David Key
Email : stop@easywaysouthwest.com
Website : www.allencarr.com

**Cambridge**
Tel : 020 8944 7761
Thérapeutes : Emma Hudson, Sam Bonner
Email : mail@allencarr.com
Website : www.allencarr.com

**Colchester**
Tel : 01621 819812
Thérapeute : Lynton Humphries
Email : contact@easywaylynton.com
Website : www.allencarr.com

**Coventry**
Tel : 0800 321 3007
Thérapeute : Rob Fielding
Email : info@easywaycoventry.co.uk
Website : www.allencarr.com

**Crewe**
Tel : +44 (0)1270 664176
Thérapeute : Debbie Brewer-West
Email : debbie@easyway2stopsmoking.co.uk
Website : www.allencarr.com

**Cumbria**
Tel : 0800 077 6187
Thérapeute : Mark Keen
Email : mark@easywaycumbria.co.uk
Website : www.allencarr.com

**Derby**
Tel : +44 (0)1270 664176
Thérapeute : Debbie Brewer-West
Email : debbie@easyway2stopsmoking.co.uk
Website : www.allencarr.com

**Guernesey**
Tel : 0800 077 6187
Thérapeute : Mark Keen
Email : mark@easywaylancashire.co.uk
Website : www.allencarr.com

**Île de Man**
Tel : 0800 077 6187
Thérapeute : Mark Keen
Email : mark@easywaylancashire.co.uk
Website : www.allencarr.com

**Ipswich**
Tel : 01621 819812
Thérapeute : Lynton Humphries
Email : contact@easywaylynton.com
Website : www.allencarr.com

**Jersey**
Tel : 0800 077 6187
Thérapeute : Mark Keen
Email : mark@easywaylancashire.co.uk
Website : www.allencarr.com

**Kent**
Tel : 0800 028 7257
Thérapeutes : John Dicey, Colleen Dwyer, Emma Hudson, Sam Carroll
Email : info@allencarr.com
Website : www.allencarr.com

**Lancashire**
Tel : 0800 077 6187
Thérapeute : Mark Keen
Email : mark@easywaylancashire.co.uk
Website : www.allencarr.com

**Leeds**
Tel : 0800 077 6187
Thérapeute : Mark Keen
Email : mark@easywaylancashire.co.uk
Website : www.allencarr.com

**Leicester**
Tel : 0800 321 3007
Thérapeute : Rob Fielding
Email : info@easywayleicester.co.uk
Website : www.allencarr.com

**Lincoln**
Tel : 0800 321 3007
Thérapeute : Rob Fielding
Email : info@easywayleicester.co.uk
Website : www.allencarr.com

**Liverpool**
Tel : 0800 077 6187
Thérapeute : Mark Keen
Email : mark@easywayliverpool.co.uk
Website : www.allencarr.com

**Manchester**
Tel : 0800 077 6187
Thérapeute : Mark Keen
Email : mark@easywaylancashire.co.uk
Website : www.allencarr.com

**Manchester – alcool sessions**
Tel : 07936 712942
Thérapeute : Mike Connolly
Email : info@stopdrinkingnorth.co.uk
Website : www.allencarr.com

**Milton Keynes**
Tel : 020 8944 7761
Thérapeutes : Emma Hudson, Sam Bonner
Email : mail@allencarr.com
Website : www.allencarr.com

**Newcastle/North East**
Tel : 0800 077 6187
Thérapeute : Mark Keen
Email : info@easywaynortheast.co.uk
Website : www.allencarr.com

**Nottingham**
Tel : +44 (0)1270 664176
Thérapeute : Debbie Brewer-West
Email : debbie@easyway2stopsmoking.co.uk
Website : www.allencarr.com

**Oxford**
Tel : 020 8944 7761
Thérapeutes : Emma Hudson, Sam Bonner
Email : mail@allencarr.com
Website : www.allencarr.com

**Reading**
Tel : 0800 028 7257
Thérapeutes : John Dicey, Colleen Dwyer, Emma Hudson, Sam Carroll
Email : info@allencarr.com
Website : www.allencarr.com

**ÉCOSSE**

**Glasgow et Edinburgh**
Tel : +44 (0)131 449 7858
Thérapeutes : Paul Melvin and Jim McCreadie
Email : info@easywayscotland.co.uk
Website: www.allencarr.com

**Sheffield**
Tel : 01924 830768
Thérapeute : Joseph Spencer
Email : josepf@easywaysheffield.co.uk
Website : www.allencarr.com

**Shrewsbury**
Tel : +44 (0)1270 664176
Thérapeute : Debbie Brewer-West
Email : debbie@easyway2stopsmoking.co.uk
Website : www.allencarr.com

**Southampton**
Tel : 0800 028 7257
Thérapeutes : John Dicey, Colleen Dwyer, Emma Hudson, Sam Carroll
Email : info@allencarr.com
Website : www.allencarr.com

**Southport**
Tel : 0800 077 6187
Thérapeute : Mark Keen
Email : mark@easywaylancashire.co.uk
Website : www.allencarr.com

**Staines/Heathrow**
Tel : 0800 028 7257
Thérapeutes : John Dicey, Colleen Dwyer, Emma Hudson, Sam Carroll
Email : info@allencarr.com
Website : www.allencarr.com

**Stevenage**
Tel : 020 8944 7761
Thérapeutes : Emma Hudson, Sam Bonner
Email : mail@allencarr.com
Website : www.allencarr.com

**Stoke**
Tel : +44 (0)1270 664176
Thérapeute : Debbie Brewer-West
Email : debbie@easyway2stopsmoking.co.uk
Website : www.allencarr.com

**Surrey**
Park House, 14 Pepys Road, Raynes Park, London SW20 8NH
Tel : 020 8944 7761
Fax : 020 8944 8619
Thérapeutes : John Dicey, Colleen Dwyer, Crispin Hay, Emma Hudson, Rob Fielding, Sam Carroll
Email : mail@allencarr.com
Website : www.allencarr.com

**Swindon**
Tel : 0117 950 1441
Thérapeute : David Key
Email : stopsmoking@easywaysouthwest.co.uk
Website : www.allencarr.com

**Telford**
Tel : 01270 664176
Thérapeute : Debbie Brewer-West
Email : debbie@easyway2stopsmoking.co.uk
Website : www.allencarr.com

**Watford**
Tel : 020 8944 7761
Thérapeutes : Emma Hudson, Sam Bonner
Email : mail@allencarr.com
Website : www.allencarr.com

**CENTRES DANS LE MONDE**

**AFRIQUE DU SUD**
Séances partout en Afrique du Sud
Numéro national de réservation : 0861 100 200
Head Office : 15 Draper Square, Draper St, Claremont 7708, Cape Town
Cape Town : Dr Charles Nel
Tel : +27 (0)21 851 5883
Mobile : 083 600 5555
Thérapeutes : Dr Charles Nel, Malcolm Robinson et son équipe
Email : easyway@allencarr.co.za
Website : www.allencarr.com

**ALLEMAGNE**
Séances partout en Allemagne
Numéro vert gratuit : 08000RAUCHEN (0800 07282436)
Tel : +49 (0) 8031 90190-0
Thérapeutes : Erich Kellermann and Team
Email : info@allen-carr.de
Website : www.allencarr.com

**AUSTRALIE**

**Queensland**
Tel : 1300 848 028
Thérapeute : Natalie Clays
Email : natalie@allencarr.com.au
Website : www.allencarr.com

**Northern Territory – Darwin**
Tel : 1300 55 78 01
Thérapeutes : Dianne Fisher and Natalie Clays
Email : wa@allencarr.com.au
Website : www.allencarr.com

**New South Wales, Sydney, A.C.T.**
Tel & Fax : 1300 848 028
Thérapeute : Natalie Clays
Email : natalie@allencarr.com.au
Website : www.allencarr.com

**South Australia – Adelaide**
Tel : 1300 848 028
Thérapeute : Jaime Reed
Email : sa@allencarr.au
Website : www.allencarr.com

**Victoria**
Tel : +61 (0)3 9894 8866 or 1300 790 565
Thérapeute : Gail Morris
Email : vic@allencarr.com.au
Website : www.allencarr.com

**Western Australia – Perth**
Tel : 1300 55 78 01
Thérapeute : Dianne Fisher
Email : wa@allencarr.com.au
Website : www.allencarr.com

**AUTRICHE**
Séances partout en Autriche
Freephone : 0800RAUCHEN (0800 7282436)
Tel : +43 (0)3512 44755
Thérapeutes : Erich Kellermann et son équipe
Email : info@allen-carr.at
Website : www.allencarr.com

**BELGIQUE**
**Anvers**
Tel : +32 (0)3 281 6255
Fax : +32 (0)3 744 0608
Thérapeutes : Dirk Nielandt
Email : info@allencarr.be
Website: www.allencarr.com

**BRÉSIL**
**São Paulo**
Thérapeutes : Alberto Steinberg & Lilian Brunstein
Email : contato@easywaysp.com.br
Tel Lilian - (55) (11) 99456-0153
Tel Alberto - (55) (11) 99325-6514
Website : www.allencarr.com

**BULGARIE**
Tel : 0800 14104 / +359 899 88 99 07
Thérapeute : Rumyana Kostadinova
Email : rk@nepushaveche.com
Website : www.allencarr.com

**CANADA**
Toll free : +1-866 666 4299 / +1 905 849 7736
Thérapeute anglais : Damian O'Hara
Thérapeute français : Rejean Belanger
Séminaires réguliers à Toronto, Vancouver et Montréal
Programmes dédiés aux entreprises disponibles dans tout le Canada
Email : info@theeasywaytostopsmoking.com
Website : www.allencarr.com

**CHILI**
Tel : +56 2 4744587
Thérapeute : Claudia Sarmiento
Email : contacto@allencarr.cl
Website : www.allencarr.com

**COLOMBIE – Bogota**
Thérapeute : Felipe Sanint Echeverri
Tel : +57 3158681043
E-mail : info@nomascigarillos.com
Website : www.allencarr.com

**CORÉE DU SUD**
Séoul
Tel : +82 (0)70 4227 1862
Thérapeute : Yousung Cha
Email : yscha08@gmail.com
Website : www.allencarr.com

**DANEMARK**
Séances dans tout le Danemark
Tel : +45 70267711
Thérapeute : Mette Fonss
Email : mette@easyway.dk
Website : www.allencarr.com

**ÉQUATEUR**
Tel & Fax : +593 (0)2 2820 920
Thérapeute : Ingrid Wittich
Email : toisan@pi.pro.ec
Website : www.allencarr.com

**ESPAGNE**
Madrid
Tel : +34 91 6296030
Thérapeute : Lola Camacho
Email : info@dejardefumar.org
Website : www.allencarr.com

**ESTONIE**
Tel : +372 733 0044
Thérapeute : Henry Jakobson
Email : info@allencarr.ee
Website : www.allencarr.com

**ÉTATS-UNIS**
Informations et réservations :
Toll free : 1 866 666 4299 / New York : 212- 330 9194
Email : info@theeasywaytostopsmoking.com
Website : www.allencarr.com
Séminaires réguliers à New York, Los Angeles, Denver et Houston
Programmes d'entreprise partout aux États-Unis
Adresse postale : 1133 Broadway, Suite 706, New York, NY 10010
Thérapeutes : Damian O'Hara, Collene Curran, David Skeist

**FINLANDE**
Tel : +358-(0)45 3544099
Thérapeute : Janne Ström
Email : info@allencarr.fi
Website : www.allencarr.com

**GRÈCE**
Séances partout en Grèce
Tel : +30 210 5224087
Thérapeute : Panos Tzouras
Email : panos@allencarr.gr
Website : www.allencarr.com

**GUATEMALA**
Tel : +502 2362 0000
Thérapeutes : Michelle Binford
Email : bienvenid@dejedefumarfacil.com
Website : www.allencarr.com

**HONG KONG**
Email : info@easywayhongkong.com
Website : www.allencarr.com

**HONGRIE**
Séminaires à Budapest et dans 12 autres villes hongroises
Tel : 06 80 624 426 (freephone) or +36 20 580 9244
Thérapeutes : Gabor Szasz et Gyorgy Domjan
Email : szasz.gabor@allencarr.hu
Website : www.allencarr.com

**INDE**
Bangalore & Chennai
Tel : +91 (0)80 41603838
Thérapeute : Suresh Shottam
Email : info@easywaytostopsmoking.co.in
Website : www.allencarr.com

**IRLANDE - Dublin et Cork**
Lo-Call (From ROI) 1 890 ESYWAY (37 99 29)
Tel : +353 (0)1 499 9010 (4 lines)
Thérapeutes : Brenda Sweeney et son équipe
Email : info@allencarr.ie
Website : www.allencarr.com

**ISLANDE**
Reykjavik
Tel : +354 588 7060
Thérapeute : Petur Einarsson
Email : easyway@easyway.is
Website : www.allencarr.com

**ISRAËL**
Séances dans tout le pays
Tel : +972 (0)3 6212525
Thérapeutes : Ramy Romanovsky, Orit Rozen, Kinneret Triffon
Email : info@allencarr.co.il
Website : www.allencarr.com

**ITALIE**
Séances partout en Italie
Tel/Fax : +39 (0)2 7060 2438
Thérapeutes : Francesca Cesati et son équipe
Email : info@easywayitalia.com
Website : www.allencarr.com

**JAPON**
Sessions partout au Japon
www.allencarr.com

**LIBAN**
Tel/Fax : +961 1 791 5565
Mob : +961 76 789555
Thérapeute : Sadek El-Assaad
Email : stopsmoking@allencarr.com.lb
Website : www.allencarr.com

**LITUANIE**
Tel : +370 694 29591
Thérapeute : Evaldas Zvirblis
Email : info@mestirukyti.eu
Website :: www.allencarr.com

**ÎLE MAURICE**
Tel : +230 5727 5103
Thérapeute : Heidi Hoareau
Email : info@allencarr.mu
Website : www.allencarr.com

**MEXIQUE**
Séances partout au Mexique
Tel : +52 55 2623 0631
Thérapeutes : Jorge Davo
Email : info@allencarr-mexico.com
Website : www.allencarr.com

**NOUVELLE-ZÉLANDE**
North Island – Auckland
Tel : +64 (0)9 817 5396
Thérapeute : Vickie Macrae
Email : vickie@easywaynz.co.nz
Website : www.allencarr.com

South Island – Christchurch
Tel : 0800 327992
Thérapeute : Laurence Cooke
Email : laurence@easywaysouthisland.co.nz
Website : www.allencarr.com

**NORVÈGE**
Oslo
Tel : +47 93 20 09 11
Thérapeute : René Adde
Email : post@easyway-norge.no
Website : www.allencarr.com

**PAYS-BAS**
Séances partout aux Pays-Bas
Allen Carr's Easyway 'stoppen met roken'
Tel : (+31)53 478 43 62 / (+31)900 786 77 37
Email : info@allencarr.nl
Website : www.allencarr.com

**PÉROU**
Lima
Tel : +511 637 7310
Thérapeute : Luis Loranca
Email : lloranca@dejardefumaraltoque.com
Website : www.allencarr.com

**POLOGNE**
Séances partout en Pologne
Tel : +48 (0)22 621 36 11
Thérapeute : Anna Kabat
Email : info@allen-carr.pl
Website : www.allencarr.com

**PORTUGAL**
Porto
Tel : +351 22 9958698
Thérapeute : Ria Slof
Email : info@comodeixardefumar.com
Website : www.allencarr.com

**RÉPUBLIQUE TCHÈQUE – ouverture en 2016**
Website : www.allencarr.com

**ROUMANIE**
Tel : +40 (0) 7321 3 8383
Thérapeute : Diana Vasiliu
Email : raspunsuri@allencarr.ro
Website : www.allencarr.com

**RUSSIE**
Moscou
Tel : +7 495 644 64 26
Thérapeute : Alexander Fomin
Email : info@allencarr.ru
Website : www.allencarr.com

Crimée – Simferopol
Tel : +38 095 781 8180
Thérapeute : Yuriy Zhvakolyuk
Email : zhvakolyuk@gmail.com
Website : www.allencarr.com

Saint-Pétersbourg – ouverture en 2015
Website: www.allencarr.com

**SERBIE**
Belgrade
Tel : +381 (0)11 308 8686
Email : office@allencarr.co.rs
Website : www.allencarr.com

**SINGAPOUR**
Tel : +65 6329 9660
Thérapeute : Pam Oei
Email : pam@allencarr.com.sg
Website : www.allencarr.com

**SLOVAQUIE – ouverture en 2016**
Website : www.allencarr.com

**SLOVÉNIE**
Tel : 00386 (0) 40 77 61 77
Thérapeute : Grega Server
Email : easyway@easyway.si
Website : www.allencarr.com

**SUÈDE**
Tel : +46 70 695 6850
Thérapeutes : Nina Ljungqvist, Renée Johansson
Email : info@easyway.nu
Website : www.allencarr.com

**SUISSE**
Séances partout en Suisse
Numéro vert gratuit : 0800RAUCHEN
(0800/728 2436)
Tel : +41 (0)52 383 3773
Fax : +41 (0)52 3833774
Thérapeutes : Cyrill Argast et son équipe
Pour les sessions en Suisse romande et Suisse italienne :
Tel : 0800 386 387
Email : info@allen-carr.ch
Website : www.allencarr.com

**TURQUIE**
Séances partout en Turquie
Tel : +90 212 358 5307
Thérapeute : Emre Ustunucar
Email : info@allencarrturkiye.com
Website : www.allencarr.com

**UKRAINE**
Kiev
Tel : +38 044 353 2934
Thérapeute : Kirill Stekhin
Email : kirill@allencarr.kiev.ua
Website : www.allencarr.com

Imprimé en Espagne par Cayfosa
en janvier 2016

POCKET – 12, avenue d'Italie – 75627 Paris cedex 13

Dépôt légal : janvier 2016
S26269/01